成功するリーダー VS. 失敗するリーダーの「人間学」

佐伯 弘文

人生の失敗者はこの「人間学」が欠けている

テーミス

成功するリーダーvs.失敗するリーダーの「人間学」

佐伯　弘文

はじめに

最近、リーダーは如何にあるべきかとか、人間学論があらゆるところでウンザリするほど論じられている。著者も最近いろんなところから講演を依頼されるが、表面上の題目は違っても、尽きるところ、最終的には人間学についての議論になるケースが実に多い。

それは如何なる理由によるものであろうか。考えられるのは昔に較べ理想的リーダーが政治、経済、教育、文化とあらゆる分野で見当たらなくなり、日本の行く末に国民が常に心配し始めたことも一因と考えられる。

それとも深く絡んでいると思われるが人間力の重要性が再認識されだしたのは、グローバリズムの進展と共にあらゆる面で国際化が進み、組織運営が複雑化し、一層高度な人間力が必要とされるようになったことや、また、欧米の、特に、経済システムがリーマンショック以後その威光を失い、アングロサクソン流を万能視する考え方も崩れ、改めて人間中心的な日本流のやり方の良さが再認識されてきたこともその理由の一つではないかと考えられる。

従来から欧米に於いては経済学を科学とみる傾向が強く、古典経済学に於いては全ての人間は経済合理性に従って行動するものと考えられていたが、最近は必ずしもそうではなく、不合理な行動もよくするものだとの認識に変わりつつある。欧米流の成果主義やグローバリズムの如き弱肉強食的なドライなシステム中心主義から、やわらかい人間中心主義への移行の始まりかもしれない。

どんな時代になろうとも、この人間社会、特に日本社会でうまく生きていくためにどんな心得が必要なのか、リーダーを目指す人はそれをじっくり確かめておく必要がある。これが我々日本人にとって、一番根本的な問題であり、最も普遍的な問いかけでもあるが故に誰もが頭を悩ますのである。その根底と基礎をなすものは、所謂「人間学」であり、「総合人間力」といえる。更にそれが「リーダー学」につながるのである。

人間に関する学問領域は、昔から実に広く世界的にいろいろと論じられてきた。古くは中国の孔子の『論語』然り、孫武の『孫子』然り、韓非の『韓非子』然りである。ヨーロッパに於いても、古くはプラトンとかソクラテス、中世のイタリアのマキャヴェッリ語録をはじめ、人間論を論じた本も多数ある。広い意味では、全ての文学や歴史に関する書物が人間論を論じているともいえる。

しかし、文明と異なり積み重ねのきかない人間の生涯は、全てゼロからの積み上げであり、一代限りの財産であるのが悲しいといえば悲しいが、それによって、また人間がおもしろい存在だともいえる。もし人間の情念や才知、才覚が一代限りではなく、何代にも亘り積み重ねの存在であるならば、現在の我々は化け物のような人間になっていたであろう。人間の才知才覚が子孫に遺伝できないが故に、賽の河原のように、作っては潰し、作っては潰し、ゼロからの再出発とならざるを得ないのである。人間は全て各人がそれぞれ個性的で、皆、異なる存在であるため、人間学も極めて捉えどころの難しい複雑なものにならざるを得ないし、それ故にまた、おもしろいともいえる。

人間の根源に根ざす人間性や人間力は、極めて多岐に亘っており、理の面もあれば、情の面もあり、それをきれいな論理にまとめることはそう簡単にできることではない。しかも、その基礎をなす人間の「知恵」なるものは、知識だけで習得できるものではなく、殆んど全て体験に基づくものだけに、なおさら伝授が難しいといえる。

人間学のベースとなるものは、『論語』を中心とした中国古典にみるような具体的な箇条書的処世術や、小手先的でマニュアル的なノウハウだけでは不十分で、知識の一部となってもなかなか知恵となって身につかず、「人間とは何か」、「日本とは何か」、「日本人とは如何なるものか」、「日本文化と外国文化比較」等について、もっと奥深く幅広い知識と教養と理解をも持つことがより重要である。そのため本著に於いては、従来の類書と較べ、一見、人間学と直接何の関係もなさそうな題目も多数取り入れた次第である。

古代から今日に至るまで多くの人達の述べてきた人間論や理想的リーダー像には、いろんな世界に亘っているが、しかし、その中にはある種の共通、普遍的なものも多くある。今回は主として経済界の企業を中心としたものに焦点を当てた。特に、今のような複雑で混迷を極めている時代のリーダーの責任は重く、その適否の判断力と決断力の差が企業の運命を左右するだけに、その正しい「判断力」と「決断力」の根元となる幅広い「教養」と「経験」をどう育成するかに重点を置いて論じたつもりである。

また、最近のグローバリズムの進展で、従来のように国内のみに目を向けるのではなく広く世界にも、特に隣国の中国や韓国に注視してその国柄や歴史や人種的特質をよく理解しておくことが絶対不可欠との思いから、そこまでいう必要があるかと思われる程この隣国について多大の紙数を割いた。

前述の如く、幅広い教養見識の涵養の方法と共に、過去のいろいろな人の意見も今回併せ整理してみた。きれいに整理された抽象論的「人間学」論はいくらでも見受けられるが、著者の経験ではかかるものは知識の一部とはなっても、なかなか血肉化した知恵と人間力にまでには昇華され難いものである。それは、新しい知識は過去の具体的類似体験に結びついて初めて血肉化し知恵や人間力になるためと思われる。そのため、職業も含めた人生経験の浅い人のために、出来るだけ多くの事例を基に「幕の内弁当」的になることも敢えていとわず列挙したつもりである。今は人生に未熟ではあるが将来の組織のリーダーを目指す若い人達に、何らかの示唆を与えられればとの思いから本著の出版を思い立った次第である。

なお、本著の出版に当たり『月刊テーミス』の水田克治編集長と伊藤淳氏に大変お世話になったことを、この紙面を借りて厚くお礼申し上げたい。

二〇一一年五月

成功するリーダーvs.失敗するリーダーの「人間学」●目次

はじめに　3

第一章　人間の能力には限界がある——21

一、教育と人間の能力—知識と情念　23
二、人間の能力—学問と人間性
計測可能能力と計測不可能能力
高学歴者の錯覚と落ちる罠　25
三、知識と知性と知恵　29
四、ピーターの法則を活用せよ
人間は地位の上昇と共に無能力線に近づく　30

第二章　「人間力」養成のための知育と徳育——33

一、徳性と人徳　35
二、中国古典は人間学の宝庫の一部にすぎない　38

三、リベラルアーツ（一般教養）の重要性　40
四、松下幸之助氏の教えと松下政経塾の失敗　44
五、リーダーは部下をいかに育てるか　48

第三章　愚劣なマスコミが民族の劣化を招く　51

一、低俗極まるテレビ番組を斬る！
スポンサー企業はＣＳＲ（企業の社会的責任）をどう考えているのか　53
二、他人に頭を下げたことのない人たち　55
三、中国に甘いメディアやジャーナリスト　58

第四章　リーダーの「人間力」とその姿勢を問う　63

一、リーダーの条件と人間力とは何か　65
（1）楠木正行の例　〝武士の情けとヒューマニズム〟　68
（2）北条時頼の例　〝植木鉢の焚き木物語〟

心からなる親切の陰徳行為　68
（3）山本五十六元帥の例〝部下思い〟　70
（4）工藤俊作海軍中佐の例
敵兵救助〝英国海軍人は日本の武士道に感激〟　70
（5）今村均陸軍大将の例〝最後まで責任を果たした軍人〟　72
二、「管理思考」中心から「企画思考」重視へ　73
三、今後は「演繹的思考」から「帰納的思考」の時代へ　77
（1）演繹法的思考法—既存の法則性重視　77
（2）帰納法的思考法—閃きと感性重視　78
（3）今後は帰納法で考える時代　79
四、ブレないことがリーダーの絶対条件　83
五、決断力の養成—決定と決断は別物　84
六、知的喧嘩力も人間力の一つ　86
七、中小企業の二世、三世経営者は特に人間力を磨け　91
（1）『貞観政要』はリーダー必読の書　93
（2）天皇も将軍も『貞観政要』で「守成」を学んだ　95
（3）「守成」とは現状維持ではない　97

八、部下の仕事上の失敗にどう対処するべきか　98
九、君子は臣下と才を競わず—リーダーは部下の才を利用せよ　100
十、今後のリーダーには外国語の素養が必須　101
十一、江戸末期〜明治維新の偉大な志士から学ぶリーダー学　103
（1）人材が輩出した時代　105
（2）傍系、非主流派　107
（3）学ぶべき九ヵ条　108
十二、リーダーの行動基準は「心情倫理」ではなく「責任倫理」における　111
十三、最近の日本の政界リーダーの国家保全意識の欠落　113

第五章　リーダーの部下への教育と接し方——117

一、社員の「心の赤字」を克服せよ　119
（1）江戸時代の教訓「心の赤字」　119
（2）恩田木工の藩政改革　120
（3）恩田木工の「日暮硯」　121
（4）社員に心の赤字を持たせるな　122

二、日本の組織人が行動する動機（モチベーション） 124
三、成功する物の見方と考え方について 125
四、海外ビジネスとコンプライアンス 130
五、日本はコンセンサス社会 134

第六章　読書は「人間力」の特効薬だ 137

一、読書の効用―人間力養成のベスト手段 139
二、読書の効果的な具体的方法 142
（1）知識を学ぶ読書 142
（2）知恵をつかむ読書 143
（3）心の糧を得る読書 144

第七章　教養としての日本の伝統文化を知ろう 147

一、日本の伝統文化と教養 149
二、「日本的なるもの」や「長い日本の歴史や伝統」を見直す時がきた 150

三、外国人が見た日本民族の特徴　152
（1）一〇の実例・日本印象記　153
（2）富国有徳を目指す　156
（3）日本文化の独自性―他の文明との融和は極めて難しい　158
四、「外国人が見た日本人の特徴」から学ぶもの　161
（1）日本人の行動様式　外国人がとまどう曖昧性　162
（2）対人距離感を大事にする　162
（3）「察する」文化　163
（4）専制国家が不要だった　164
（5）規則より自発的内的規制　165
（6）日本人の特異な美意識　166
（7）美の大国　167
（8）自然と敵対しない　168
（9）「和」の精神　169
（10）日本人の美徳―躾からくる秩序　170
（11）文化づくり大国　172
（12）世界一安全で穏やか　172

(13) 責任は自分にもあるという考え方 175
(14) 金持ち＝権力ではない 176
(15) 他宗教に無干渉 177
(16) 支配的原理を持たない 178
(17)「世界の宝」としての日本―日本が経済大国になった理由 178
(18) 日本はアジアの博物館 180
(19) 珍しい統治システム―権威と権力の分離 181
(20) 型から入って自然と融和する 182
(21) 優れた「感じ方」 184
(22) 世界一難しい日本語 184
(23) 外国人には不可解な国 185
五、日本人の律儀さは人間関係の基本だ 186

第八章　教養としての隣国文化を理解せよ 189

一、隣国文化をよく知ることが重要 191
(1) 韓国と日本の文化と風土の違い 192

（2）日・中・韓は一つになれない　200
二、中国人の身勝手な言動　201
（1）決して相容れない隣国　201
（2）世界中で嫌われている中国人移民　203
（3）中国人の拝金主義　205
（4）日本人を蔑視する中国人、韓国人　207
三、難儀な隣国との関係　208
（1）同じアジア人という認識は錯覚　208
（2）懺悔と反省から過去は過去へ　210
四、最近の韓国人の日本人を見る目―震災直後の『中央日報』の社説　214

第九章　「人間力」を磨くサラリーマンの生き方――　221

一、格差社会論ごときに惑わされるな　223
二、サラリーマンは組織の小さな歯車になるな
大きく歯車を廻す側になるべし　227
三、権限は自ら作り出すもの　229

四、社内根回し上手も「人間力」の一つ 230
五、上司を上手く利用することが業績を上げる秘訣である 232
六、仕事は「楽しむもの」職場は「夢の実現場」 233
七、一流の人物と付き合うべし 234
八、若者よ、ニート、フリーターにはなるな 238
九、人との縁を大切に 242
十、上司はすべて反面教師 244
十一、仕事するのは会社のためでなく、自分のため 245

第十章　ユーモアは最高の教養である―――― 247

一、人間はなぜ悩むのか 249
二、達人はよく遊び、よく働く――よく遊ぶことの重要さ 253
三、異性とつき合う時の心すべきこと 258
四、ユーモア精神こそ最高の教養 263
五、請求書の人生より領収書の人生を 270

第十一章　〝従業員は家族で宝物〟——目指すべき日本企業の理想像——　275

おわりに　283

装丁デザイン　望月千香子

第一章　人間の能力には限界がある

一、教育と人間の能力―知識と情念

人間の脳には右脳と左脳が役割分担しているとの説もある。そのためか否かはよく分からぬが、人間の能力には二つあるといわれている。このことをしっかり認識しておくことが人間理解に重要である。

一つは教育によって得られたり鍛えられるもので、それは知性とか理性といった類のもので、知識や技能によって育まれるものともいえる。

もう一つの能力は、教育によって絶対に教えられたり育まれないものである。それは情念とか感性や閃き、あるいは、愛やエロスといったもので、これは各人が持って生まれた人間的資質といったもので、教育によって大きく磨かれるものではない。結局、これは一代限りのものであり、決して子孫にそのまま伝授したり、受け継げられるものではないのである。

その証拠に、一〇〇〇年前に書かれた『源氏物語』が、未だに多くの現代人に愛読され感動を与えているのである。

要するに、知識や技能をベースとした文明は大変な進歩を遂げたが、人間そのものは基本的には一〇〇〇年前と何一つ変わっていないのである。全て一代限りで終わり、また一代、一代、ゼロからスタートしているのが人間というものである。

もし、一代、一代重層的に積み上げていけるものならば、前述の如く、今頃は気持ちの悪いモンスターのような人間になっていることであろう。また、各人の人生もある意味では実につまらないものになっているに違いない。作家の渡辺淳一氏の話であったかと思うが、たとえば親父の女性経験をそのまま息子が受け継いだとすると、初心な若者さを持たない、年寄りじみた魅力のない人物になるであろう。

そもそも、あらゆる学問の最終目的は、尽きるところ、人間、一度しかない生涯をどのように生きてゆくべきかという問いに答えることであるといわれている。この問いに真正面から答えることのできる学問が生きた学問であり、できないものは死んだ学問といえる。学問のための学問など何の意味もないのである。

人間が人間になるため、即ち、成人になるための学問「成人の学」には二つの学問があるという。それは、前述の人間の能力とも関連することであるが、一つは、人間の徳性を養う学問と、もう一つは知識、技能を養う学問である。そして徳性を学ぶ学問を「人間学」と呼んでいる。ものには全て「本」と「末」がある。中国の古典『大学』という本の中に「その『本』乱れて『末』治まるものは否《あら》ず」という言葉がある。この人間の学、成人の学にとって「本学」というのは、徳性を養う「人間学」のことであって、知識や技能を養う学問は「末学」なのである。

従って、知識や技能の「末学」をいくら学んでも、「本学」の人間学を学ばなければ、一人前の人間とはいえないのである。

二、人間の能力—学問と人間性

計測可能能力と計測不可能能力

高学歴者の錯覚と落ちる罠

毎日、新聞で紹介される新社長の学歴を見て東大出身者の知人が、「俗にいう二流、三流大学出の多くの人が社長になっているのに、どうして我が校出身者がなかなか社長になれないのか」といつも嘆いている。要するに世の中のことが何も分かっていないのである。ある学者の分析によれば、人間の能力は約一三〇種類程度に分類されるらしい。その内、約3分の1が計測可能能力、即ち点数化可能能力で、残り3分の2が計測不可能能力だという。計測可能能力というのは、学校で行われているいろいろな試験に出される問題で、答えは唯一つの点数化出来る能力、たとえば、漢字とか英単語をいくら知っているとか、数字の問題をいくつ解けるかといった類の人間のいわば知識とか学力といえる能力をいう。答えが決まっている事柄に対する能力ともいえる。

一方、計測不可能能力とは、優しさとか、他人への思いやり、親切心、包容力、人望、誠実さ、度胸、決断力、企画力、洞察力、分析力、音楽や美的センス、あるいはバイタリティーといった類の人間の知恵とか感性、閃《ひらめ》き、また、人間味とか徳性といった人間的魅力に属するものが多い。

結局、後半部分の3分の2は、よくいわれるリーダーに求められる「人間力」とか「人間学」の領域に属するものといえる。学生時代は前半の3分の1の部分が勝負で、社会に出ると前半と後半部分の合せた3分の3の合せ技の勝負となる。ところが、所謂、「学校秀才」は最初の3分の1の部分で優れていたことが災いし、残りの徳性とか人望とか、いわば人間性に属する3分の2の部分まで同時に自分は優れていると錯覚することから、いろいろな喜劇悲劇が生じることになる。

残念なことに、この学校秀才の勘違いが命取りになっていることに気付かない人が実に多い。世の中を見ていると、むしろ3分の1の知識や学力に優れた人は、逆に徳性に属する他の3分の2に欠ける人が多い。自分を客観視できず、学校時代と同様に社会に出てからも自分が一番賢いと思っているから、周囲の人間に威張る、他人や部下をバカにする、理屈は多いが決断力や包容力がない、人間味がない等々、所謂「人間学」に欠けているか、あるいは型にはまった独創性のない、おもしろ味のない人物が多いようだ。

余談だが、銀座のママの話によれば、いい歳をしながら聞かれもしないのに自分の出身校を自慢げに話す人が時々いるが、こういう人物に限ってロクな人物はいないと。いい歳をして、自分の心の拠り所が学歴しかないというのは、自分自身に何の自信もないということであろう。当然のことながら、かかる人物に対する周囲や部下の評価は極めて厳しい。それが学力優秀であったにも拘らず、社会ではあまり認められない原因となっているが、本人もそれに気付いていない人が多いし、他人もそのことについては遠慮して何もいわない。結局、優秀な学校を出たことがむしろ大いなるマイナス要因になっているといえる。このことを皆がよく認識しておれば、人を見る目も変わり、学校の秀才は謙虚になり、一方、学歴上の劣等感を持っている人も、何等臆することはないのである。

生まれながらの一部の超秀才は例外としても、学歴優秀者になれたのは、生まれつきの優れた資質のみによるのではなく、それに加えて頑張り精神や努力する遺伝子にも恵まれたためである。その意味で学歴優秀者は、他人より多くの頑張り遺伝子を持った人材であることの証明でもあり学歴は無意味ではない。向上心や負けん気といったものは、努力して勝負をかけ、己に克つことによって育まれるものである。従って、社会に出た後もこの頑張り精神を発揮すれば有能な人材となり得るにも拘わらず、卒業と同時に己の学歴に慢心し、この頑張り遺伝子を忘れてしまう人が多い。

社会に出た後は、学生時代の学力よりは、努力と頑張り精神と人間力が勝負となるとの認識に欠けると、本人はマイナスの人物評価をくらうことが分っていないのである。結局、社会に出ると多様な人間関係の中での勝負となるため、人間学の重要性が分っていないと脱落することになるのである。知恵とは知識が体験を触媒として発酵したものという人もいる。職業人として、あるいは、リーダーとして成功するためには「専門的知識（実学）」プラス「人間学」が重要だということだ。

言い換えれば多くの学校秀才は、社会に出た後は知識より知・情・意のバランスの取れた「人間学」が重要なのだという知恵に欠けているのである。上司に人を見る目がないなど戯言《たわごと》を言ってはならない。ただし、以上の点は一般企業でいえることで、3分の2の部分などに気を遣わず3分の1の部分のみで勝負できる分野もないことはない。それはノーベル賞級の学者と研究者になることである。余談ながら、ある講演会で作家の童門冬二氏は「どういう人間になることが社会人として望ましいか」との講演参加者の質問に答えて「そうですね。夕方五時頃になって、今晩、新橋のガード下かどこかの飲み屋で一杯飲んで帰りたいが、『はて、誰を誘おうか』と、ふと考えた時に、一番最初にその人の頭に浮ぶような人物になることだ」と。極めて分り易い云いえて妙なる話であるが、人間学的にみれば魅力的人間とは何かの真髄を突いているといいえる。誰からも誘いの声もかからぬような人間は、どこか人間的欠陥があると心得るべきであろう。

三、知識と知性と知恵

知識は教育や勉学によって得られるもので、知性の源となるものであるが、知恵といわれるものは、各人が持って生まれた人間的資質によるものが多いといえる。勿論、知識と知恵は完全に無関係かといえば、そうでもない部分もかなりある。「知識」は溜まり「知恵」となり、これを使いこなして「知性」になり、その集積が「品性」へとつながるものであると説く学者もいる。しかし最近は、その発展が止まっているように見える。知性は単に歳を重ねれば身につくものでもなければ、カネで買えるものでもない。

最近の日本は、昔に較べ社会適応力を備えた知的大人が非常に少なくなったといわれている。知性に欠ける人は感情に支配され、「損か、得か」という二者択一の価値観でしか物事を捉えず、自己規制なく行動する人であり、一方、知性の豊かな人とは、物事のバランス感覚に優れ、自己コントロールのできる人のことである。知恵は人間がこの世をうまく生きていくための方便を考え出す力であり、真に人間力の一つの重要な要素といえる。

松下幸之助氏の言葉ではないが、注意しなければならぬのは、知識に振り回され知識の奴隷になってはならぬということである。知識はあくまで道具であって、知識そのものは自分自身ではないということである。知識を過剰評価し主人公扱いをしてはならない。

四、ピーターの法則を活用せよ

人間は地位の上昇と共に無能力線に近づく

一九六九年南カルフォルニア大学教授の教育学者ローレンス・J・ピーター博士は、自著『THE PETER PRINCIPLE』の中で、「能力主義の社会において人間は、地位の上昇と共に無能力線に近づき、それがクロスする時が来る」ということを述べている。

それは職位が上がれば上がるほど、それに見合った高い能力が求められるからである。課長時代は優秀であったが、部長になった途端にダメになったという例はいくらでもある。その意味で、企業に於いては社長が一番無能力線に近いといえる。人間というものは、要するに向上の努力もせず、持って生まれた能力だけにいつまでも頼っていてはならないということである。こういう逆転現象に陥らないためには、常に知的好奇心を持って、たゆみなく自己の能力向上に努めることが肝要である。この能力向上の手段には読書等いろいろあるが、たとえば著者の経験でいえば、自分の専門領域以外のいろいろな他の分野や業務を、間接的にであっても経験することなど有効である。

このユーモラスなピーターの法則をもう少し詳しく紹介すると、次のような内容になっている。

「組織構成員の労働に関する社会学の法則」

①能力主義の階層社会に於いて、人間は能力の限界まで出世する。すると有能な平《ひら》(構成員)も無能な中間管理職になる。

②時が経つに連れて人間は悉く出世していく。無能な平構成員はそのまま平構成員の地位に落ち着き、有能な平構成員は無能な中間管理職の地位に落ち着く。その結果、各階層は無能な人間で埋め尽くされる。

③その組織の仕事は、まだ出世の余地のある無能レベルに達していない人間によって遂行される。

もともとこの「ピーターの法則」は、当初はウイリアム・R・コルラン博士により、原子力発電所での不具合を是正するためのプログラムから見出されたといわれている。従って、当初は物に適用された。分り易くいうと、人間というものは、以前何かに役立ったものを他にも使いたくなるものだ。たとえば、掃除機が吸引機の代わりに使われたりする。そして失敗する。所謂「全ての有効な手段は、順次更に難しいものに適用されやがて失敗する」という法則の一例である。

ピーター博士はこれを実社会の人間関係に見出した。実社会において、このピーターの法則を適用すると、各人の能力は各階層ごとに判定され、そこで合格すると上へ上へと昇っていって、やがて能力や経験の限界に達し、それ以上上昇が難しい無能力線に到達する。そして、やがて各階層はそれぞれ能力の限界に達した人達で埋め尽くされることになる。勿論、無能力といっても、経験不足から来ることもあれば、専門外の仕事に就くことによって、無能力と判定されることもある。

この能力の限界に達した無能力者で埋め尽くされた組織を、どう上手く運営していくか、結局、新たな地位に昇進、又は、つけさせる場合は、十分な訓練を受けた者だけを昇進させることである。この訓練中にそれぞれの能力レベルを事前に把握することができ、新しい地位と能力とのミスマッチを回避することが可能となる。

第二章　「人間力養成」のための知育と徳育

一、徳性と人徳

昔から、リーダーには人徳がなければならないといわれるが、この徳性とは何か。また、よく知性と徳性とが比較されるが、ある意味では知の世界と、情の世界ともいえる。これを知の人とか、情の人（ぬくもりのある人）とか分り易い人の例でいえば、石田三成や大久保利通は知の人であり、豊臣秀吉や西郷隆盛は情の人といわれている。

もともと、徳は人間性を構成する多様な精神要素から成り立っている。気品、親切心、意思、温情、理性、忠誠、勇気、名誉、誠実、自信、謙虚、健康、楽天主義といった多くの徳目から構成されるものである。英語で「ＶＩＲＴＵＥ」というが、徳性とは人間の持つ気質や能力に、社会性や道徳性が発揮されるものといえる。人間にとって徳とは、バランスのとれた精神の在り方を指すものである。徳性の高い人は他人や部下から信頼され、尊敬されるため、よき人間関係や組織の運営がスムーズに行えるというメリットを持っている。

企業に於いても、本当に良い仕事をしようとすると、上司や部下や関係者の協力とサポートが必要だが、当然のことながら、徳のない人にはこれらを期待することはできない。徳性も実力の重要なファクターであり、他人からの嫌われ者はいくら知識や能力はあっても真の実力があるとはいえない。徳性は各人の人柄そのもの故、基本的には訓練や教育によってどうなるものではないが、人から嫌われない処し方ぐらいは心がけ次第で可能であろう。徳性は教養と表裏一体をなすものであることを、よく認識しておく必要がある。

『老子』という本は「老子道徳経」八十一章からなるが、その第一章で「道《タオ》」について述べている。なかなか難しい内容だが、「道」とは人や物が通るべきところであり、宇宙自然の普遍的法則や根元的実在、道徳的な規範、美や真実の根元などを意味する哲学的用語である。「道」とは本来名付けることのできないものなのだが、便宜上、仮に「道」としたにすぎず、礼や義など超越した真理とされている。天地一切を包含する宇宙自然、万物の終始に関わる道を「天道」といい、人間社会に関わる「道」を「人道」といった。「道」の根本思想は「無為自然」であるという。そして道を「徳」や「仁、義、礼」の上に置いた。

更に老子はこの本の中で「徳」に関し、「徳にも上徳と下徳がある」と述べている。「上徳の人は徳を意識しない。だから徳があるのだ。下徳の人は徳を意識している。殊更それを宣伝する。だから徳がない。上徳の人は何も行わず、かつ無心だ。下徳の人は何もしないかもしれないが、しかし心の中にいろいろな思いを抱いている」と。また、老子は「徳」の上に「道《タオ》」があるといい、その根本精神は「無為自然」で、上徳の人とはこの無為自然の「道」を十分身につけた人だと。

更に、儒家が重んじる「仁・義・礼」について、これらは徳の下に位置づけている。何故、下位におくかというと、「仁・義・礼」の三道徳はいずれも「作為的であり、同時に相手に強制する場合がある」からだ。また、「上仁の人は、何かをやろうとする意図（作為）を持っているが、やった後はその痕跡を残さない。上義の人は、作為もあり同時にその痕跡を残す。即ち、有心である。上礼の人は作為があり、しかもそれを相手に押し付ける。相手が受け付けないと、腕をあげて追っていく」と。

老子が徳に比べ「仁・義・礼」を下におく理由として、更に次のように説明している。要するに「仁・義・礼」は押し付けがましい道徳と見ているのである。

「道《タオ》が失われたから徳が生まれた。徳が失われると仁が生まれる。そして仁が失われると義が生まれる。義が失われると礼が生まれるのだ。もともとは無為自然に生きていたころに人々が持っていた真《まこと》の心が失われたから、こういう現象が起きたのである。その根本を考えずに、仁だとか義だとか礼だとかいって、それをわきまえることを求め、押しつけるということは本末転倒なのだ。大丈夫（立派な男子）はそういう愚かなところから身を離し、真心の厚みの上に身をおくべきだ。決して真《まこと》のうすいところにいるべきではない。ということは、やはり道《タオ》の本道に戻らなければならない。そのためには仁とか義とか礼を捨ててかかるべきである」と述べている。

二、中国古典は人間学の宝庫の一部にすぎない

日本の経営者の多くの座右の銘は、中国古典から引用したものが実に多い。第四章でものべるが、中国学の権威によれば、中国古典は数多くあるが殆んど全てが処世術をベースとしたリーダー学であり、人間学であり、リーダーの条件について述べたものである。

上に立つ者はどうあるべきか、どんな条件が必要か、どういう努力をしないといけないのか、説得力のあるリーダーを目指すためには何が必要か、といった内容が中心テーマになっている。中国のめぼしい古典がほぼ出揃ったのは今から二千年以上前である。『論語』とか『孫子』は、更に二五〇〇年前のことである。

当時、字が書ける、あるいは、字が読める人は、一%もいたかどうかといわれた時代であるから、これ等の書を読む人々は、全て社会の指導者層であったといえる。従って、自然に書物のメインテーマがリーダー学や人間学になるのは当然のことであったと思われる。そして、あらゆる角度からリーダーの在り方や条件を絞り検討して最後に残るものは、結局「能力」と「徳」の二つだという結論になっている。即ち、仕事のできる能力、企業でいえば経営手腕ということになる。ただし、これはあくまで最低の条件であると。リーダーは仕事ができるのは

当たり前のことで、別に褒められることでもない。仕事ができるということの最低の条件にプラス「徳」があることが、部下に信頼されるリーダーとなるための必須条件であると説いている。これら中国古典の中から、エッセンス的と思われるいろんな名言については、『中国古典の名言録』（東洋経済）に六〇ほどの名言が収録されており、これをお読みになることをお薦めしたい。これにより中国古典の一通りの素養や知識は得られると思われる。

しかし、よくいわれることであるが、留意しておくべきことは、中国古典は「公」の大切さよりは、「私」を重視していることである。たとえば、『論語』の中にある次のようなよく知られた有名な「父親が羊を盗む話」がある。

ある人が孔子に「友人はバカ正直者で、自分の父親が隣人の羊を盗んだことを知ると、父親と相談もせずに父親を告発しました」と語る。孔子はそれに対し、「何よりも、孝が一番大切なことだ。父親がどんなに悪いことをやっても、他人に絶対言ってはならない」。要するに、孔子は「公」というものの大切さを無視、又は、下に見ているのである。

一方、中国とは別の儒教を作り上げた日本人は「孝」よりも「公」に尽くす「忠」を重視してきたといえる。何事かが起きると、日本人はすぐ「相手に悪い」と思うのに対し、中国人は常に「相手が悪い」と思う。明らかに「公」と「私」の精神の違いであろう。論語は人生の対処法を説いたもので、決して人間社会の理念の哲学書ではない。

それは第七章で述べる如く、日本にはあるが、中国語や朝鮮語には「泥棒に入られた」とか、「女房に逃げられた」といった自動詞の受身表現がないことにも現れている。この様な日本語の受身表現の裏には、これら事件には自分にも責任の一旦があるとの自省の念があるからであるが、中国人にはそれがない。その意味で「公」の精神が重視される現代社会では、中国古典が人間学の全てをカバーしているとは言い難い。

三、リベラルアーツ（一般教養）の重要性

英国のオックスフォード大学やケンブリッジ大学等のエリート大学における教育は近代に至るまで、文学、哲学、宗教、歴史、ラテン語といった「人間とは何か」という人間の原点に関わるいわゆる「リベラルアーツ（一般教養）」が中心で、仕事に直結する現実的な実学部門（たとえば工学部や医学部）は重要視されず、学問としては見做していなかったのである。人間にとって根源的な教養がより重視されていたのである。ちなみに、ケンブリッジ大学は一二〇九年に創立されたが、約六百年間（明治の初め頃まで）工学部等の実学に直結する学部はもっていなかった。総合的に実力のある国には、哲学、芸術、美術や音楽等、一見ムダに見え、お金儲けには直接関わりをもたないものを重要視している傾向が強かったのである。その意味で最近経済的な実力をつけてきたＢＲＩＣｓ（ブラジル、ロシア、インド、中国）は、ま

だまだ一流国になれないという人もいるぐらいである。

実利的にムダに見えるようなものを、どれだけ重層的に社会が持っているかが国家の総合力とも考えられる。

一般教養を身につけず、実学やハウツーものばかりやった人はすぐに役立つが、地位の上昇と共に次第に役立たなくなるものだ。昔は、大部分の企業は、長期戦に強い基礎学力の優れた人を求めていたが、最近はすぐ役立つ人間を求める傾向にある。国語の知識も十分ないのに、小学生の頃から英語教育を求めるのもその一つといえる。欧米流の短期業績中心主義の弊害や欠点が目立ってきた現在、日本の昔流の長期戦略に基づく社員教育の良さが見直されているが、この面からも人間の基礎教育の土台となるリベラルアーツが今後ますます重要となるであろう。また、今後の社会は従来にない新しいトレンド、たとえば、少子化による人口減少、環境問題、グローバリゼーションの一層の進展、人間の幸福度重視、公益資本主義への傾斜等にどう対応していくかが重要な課題となっていくものと思われる。企業や組織運営は、ますます複雑で困難になっていくものと予想される。かかる前例のない問題にどう適切に対応していくか、最後の判断は幅広い知性と教養をベースとした「価値観」と「世界観」によらざるを得なくなるであろう。

この教育の重要性に気付き日本に於いては、国際基督教大学がリベラルアーツを教育の基本とし、学生は政治、経済、歴史、文学、語学、物理、化学などの専攻に関係なく、卒業の際には全員が教養学士のタイトルを授与されることになっている。また、それに続いて東京大学に教養学科が設置された。

いつの時代でも、人間の基礎学力ともいうべき一般教養や常識が如何に大切かは申す迄もないが、教養の欠落や無知無学が時には人の人生まで変えてしまうこともある。逆に、歴史上には古くは清少納言や紫式部の如く、優れた教養のお蔭で名を高めた人や、立身出世した武人や学者も数多くいるのも事実である。

通常、他人は教養の無さに気付いて裏で嘲っても、それをはっきり指摘しないため、当人はなかなか気付くことはない。この無知無学が原因で人生が変ってしまった人の話は多々あるが、特に昔から二人の有名人の話がよく語られる。

よく知られた話なので、今更ここで引用するのもいささか憚れるが、その一つは、天下一の名城といわれた江戸城を築いた太田道灌の「蓑《みの》」（わらで作った雨ガッパ）の話である。それは太田道灌が狩りに出た時、急に雨が降り出し、近くの貧しい農家に立ち寄り「蓑」を借用したいと申し出たところ、年若き妻女が無言で花の多く咲いた「山吹き」の枝を差し出した。道灌はその意味が分からず、山吹きの枝を借りに来たのではないと立腹し立ち去った。

その夜、城で古老から、あの意味は「七重八重　花は咲けども山吹きの　実《み》の一つだになきぞ悲しき」という古歌の引用であることを知らされた。「実」と「蓑」をかけ、貧しくてお貸し出来る「蓑」などありませんという意味を山吹きで表現したのであると。それを聞いた道灌は貧しき農家の妻女にも劣る己れの無学を痛く恥じ、その後一層歌道の道に励み、一流の武人から、一流の歌人になったといわれている。これには、道灌ほどの人物がこんな歌を知らぬわけがなく、後世の人の作り話であるとの異説がある。

もう一つは平安時代の有名な歌人の「西行《さいぎょう》」の無学による出家の話である。

若かりし頃「西行」は「佐藤憲清《のりきよ》」と呼ばれ北面の武士（皇室や貴族の護衛の武士）であった。宮殿の「染殿《そめどの》」という美しい女房に懸相して遂に病の床についた。これを聞いた染殿は、哀れに思い文を送ったので、憲清の思いがかない逢うことが出来た。別れる際に、またの逢瀬を尋ねたところ、染殿は「阿漕《あこぎ》であろう」とばかり答えて立ち去ってしまった。さすがの憲清も当時、歌道に通じておらず、この意味が解けず、毎日悶々と悩んだ末に、遂に武門を捨てて出家してしまった。染殿が「阿漕であろう」といったのは古歌の「伊勢の海　阿漕が浦に　引く網も度重《たび》なればあらわれにけり」に託し、度重なる逢瀬はやがて世間で浮名が立ちますよ、という意味であった。「阿漕が浦」というのは伊勢の国阿濃郡の地名であるが、先の歌から「阿漕」という言葉は「度重なる」という意味であったが、その後「あこぎな事」とか「あこぎな奴」といった「胴欲な」という意味にまで変ってきたといわれている。

この「阿漕が浦」は元伊勢大神宮の御前調進《ごぜんちょうしん》の網を曳くところであった。その神の威徳によって魚類がここに多数集まるのを、阿漕という漁師が禁を犯して夜毎に忍んで網を曳いたが、しばしの間は世間の人は知らなかったが度重なれば顕《あら》われて、その身はいましめられてこの浦の沖に沈められた結果、この浦に「阿漕の浦」という名がつけられたといわれている。勿論、この歌よりもっと古い似た歌が「古今六帖」にあり、「逢うことを阿漕の島にひく網の度重なれば人も知りなん」要するに、逢うことが度重なれば、世間の評判が立つという意味である。西行の出家の原因には他の説もあるが、当時の最高の教養が歌道の心得であったのは事実である。

余談ながら、無常観の歌人西行法師は「願わくば、花の下にて春死なん。その如月《きさらぎ》（注　陰暦の二月）の満月《もちづき》の頃」という自己の歌通り、その日に死去したといわれている（自裁したとの説もある）。

四、松下幸之助氏の教えと松下政経塾の失敗

日本の生んだ最高の経営者の一人として、松下電器（現パナソニック）の創始者である松下幸之助氏は、人間学と経営の教祖といわれるほど、人間というものに対する考察の深さと鋭さにおいては、ナンバー1といわれている人物であり、その幅広い人間学が松下電器の成功の基となっているとみる人もいる。

松下氏は、経営に大成功した後、日本で一番遅れているのは政治であり、先ずは、それを運営する立派な政治家を育てる必要があると感じ、約三十年前に政治家養成のため多額の私財を投入し松下政経塾を創立し、初代塾頭に就任した。それにより現在多くの卒業生が政界で活躍している。

参考までに、松下イズムの基礎となる基本的な考え方が、「松下政経塾五誓」の中に凝縮されているように思われるのでそれをご紹介する。

一、**素志貫徹の事**

常に志を抱きつつ懸命に為すべきを為すならば、いかなる困難に出会うとも道は必ず開けてくる。成功の要諦は、成功するまで続けるところにある。

一、**自主自立の事**

他を頼り人をあてにしていては事は進まない。自らの力で、自らの足で歩いてこそ他の共鳴も得られ、知恵も力も集まって良き成果がもたらされる。

一、**万事研修の事**

見るもの聞くことすべてに学び、一切の体験を研修と受けとめて勤しむところに真の向上がある。心して見れば、万物ことごとく我が師となる。

一、**先駆開拓の事**

既成にとらわれず、たえず創造し開拓していく姿に、日本とせ界の未来がある。時代に先がけて進む者こそ、新たな歴史の扉を開くものである。

一、感謝協力の事

いかなる人材が集うとも、和がなければ成果は得られない。常に感謝の心を抱いて互いに協力しあってこそ、信頼が培われ、真の発展も生まれてくる。

これ以外にも松下氏は数々の生き方に関する名言を残しておられる。

(一) 成功する人とは、頭の良さだけでも、勤勉さだけでもない。それは「運」とか「愛嬌」そして、そのうえでの「賢さ」と「勤勉」の能力を備えた人だ。リーダーにならんとする人は、自分が「運が弱い」などといえば、誰もついていかない。いろんな実体験や実績から自分は運の強い人間といえるようにならねばならない。

(二) 大切なのは知識ではなく知恵である。知識で分るのではなく、心で分る。即ち、「悟る」事が大切である。また、知識は道具であって主人公ではない。知識に振り回されてはならない。

(三) 世の中は全て縁である。文句や苦言をいってくれる人も縁につながる。随所に縁はあり、縁を求めていけば全て自分につながっていることが分る。

以上、松下イズムについて述べたが、こんなことは過去多くの人に語られ、今更何の新鮮味もないが、ここで敢えて取り上げたのは、いくらこのような立派な考え方を知識として持っても、身につかなければ何の役にも立たないということである。

「松下政経塾」は「松下未成熟」と揶揄され、失敗作であったという意見もかなりある。それは、実社会の経験も経ずしていきなり政経塾に入り、知識と理屈ばかりの頭でっかちの人材ばかり育ち、チマチマしっかりした人材は育っているが、真の大物の人材は育っていないと見られているからである。現在政界で活躍している同塾出身者たち（国会議員は衆参合わせて三十八人、県知事二人）の行動を見れば頷ける話である。

結局、いくら知識だけ身につけても、それを知恵にまで昇華させ、それが血となり肉とならなければ、真の人間力にはならないのである。それは、松下幸之助氏の考え方が間違っているのではなく、その教えをきちんと咀嚼する側の能力の問題ではなかろうか。人材というものは、長年に亘る厳しい現実の社会を経験せずして知識だけでは育たぬということである。吉田松蔭の教えで最も重要なことは「学は人たる所以を学ぶなり」とし、「学は実践にあり」を強調したことである。その教えを受けた門下生達は、人間とは、日本人であるとは如何なることかを考え自己を確立し、自分がなすべきことを自覚し実践したのである。それが高杉晋作の奇兵隊結成であり、久坂玄瑞の尊攘運動であり、それが明治維新の胎動となったのである。

もちろん、江戸時代末期の吉田松陰の松下村塾が成功し、若くして偉大な指導者を数多く輩出したことには、若者でも常に死をも恐れぬ公の精神に満ちていた江戸時代という特殊な時代背景があったのは事実であり、現代という時代とは、いろんな面で大いに異なるものがあったのは紛れもない事実である。何故、松下村塾が大成功したのかをよく分析し、見習うべき点は見習わなければ、失礼ながら松下政経塾も意味ある人材養成機関にはなり得ないと思われる。

五、リーダーは部下をいかに育てるか

リーダーたる者は、自分の部下をどう育てるかも重要な任務である。

組織の長にまでなっていても、部下を育てるのが上手な人と下手な人がいるものだ。それが結局、長い目で見れば自分の業績にも跳ね返ってくる。部下もそれぞれ個性を持っている人間であるが故に、全て一律的な育て方では上手くいく筈がない。一律的にやれる分野と、各個人の特性を見抜き各個人別に指導しなければならない分野とがある。

人間は感情の動物であるが故に、相性が合わぬと感情的に上司の言うことを受け付けぬ場合もある。結局は上に立つ者は、平素から知性的にも人間的にも尊敬されていなければ教育の効果は上がらないといえる。家庭でも企業でも人の生涯は、人を育て、人に育てられる連鎖なのである。

子供や部下の育て方に関する本や教訓は、これまで山程あるが皆それぞれ含蓄のある内容となっている。その中でも多くの人が一致して強調しているのは各人の欠点を見るのではなく、長所を見ることが要諦であるという点である。即ち「随人観美《ずいじんかんび》」という言葉で表わされるもの

で、要は人に従って美を見る、その人だけが持っている美を観ろの意である。

江戸時代の儒学者の中江藤樹や荻生徂徠《おぎゅうそらい》はその最たる人であった。特に荻生徂徠の人を育てる「徂徠訓」は多くの人口に膾炙《かいしゃ》された。それはいつの時代にも通用する名訓といえる。その内容は、

一、人の長所を始めより知らんと求めべからず。人を用いて始めて長所の現わるるものなり。

二、人はその長所のみを取らば即ち可なり。短所を知るを要せず。

三、己が好みに合う者のみを用いる勿れ。

四、小過を咎むる要なし。ただ事を大切になさば可なり。

五、用うる上は、その事を十分に委ぬべし。

六、上にある者、下の者と才知を争うべからず。

七、人材は必ず一癖あるものなり。器材なるが故なり。癖を捨てるべからず。

八、かくして、良く用うれば事に適し、時に応ずるほどの人物は必ずこれあり。

これらは現代にも通用する格言といえる。

第三章　愚劣なマスコミが民族の劣化を招く

一、低俗極まるテレビ番組を斬る！

スポンサー企業はＣＳＲ（企業の社会的責任）をどう考えているのか

著者も仕事の関係で、多くのマスコミやメディア関係者と数多く出会う機会があったが、失礼ながらあまり感心した人は少なく、特に若い世代の彼らが現代のインテリと自負する資格が本当にあるのかと嘆息せざるを得ないのが正直な感想である。

この最近の若い世代を中心としたマスコミやメディア関係者の質の低下が、我が国の民度を大きく下げているのは間違いない。国民全体への影響が大きいだけに関係者の自覚と猛省を促がしたいところである。その一部を外国人の意見も入れてご紹介したい。

最近、日本に来たヨーロッパの友人が、日本のテレビ番組を見て大変驚いたという。先進国の中でこれほど長時間に亘り愚劣な番組が放映されている国はないと。日本社会が何故かかる下品な番組を許しているのか、言葉は分からなくても下品な喋り方、笑い方、挙措動作、裸の露出などから高い民度を誇る日本社会との余りのイメージギャップに戸惑ったという。

外国人に指摘されるまでもなく、我々も品の悪いドタバタ番組に嫌気がさしており、テレビ離れが徐々に進んでいるようだ。それでもこんな愚劣な番組が性懲りもなく続けられているというのは、まだそれを求め観る人が多くいるということであろう。また、テレビ局側の姿勢、即ち番組の内容よりは、視聴率万能主義のもたらす弊害でもある。

このようなテレビ番組にコマーシャルを出しているスポンサーには、結構名の通った企業もある。番組はテレビ局の責任で、コマーシャルは別途企業の責任で製作されたとはいえ、よくもまあこんな番組のスポンサーに恥ずかしげもなくなれるものだと呆れる。これらの企業のトップは、一度でも番組内容を子供や孫と一緒に見たことがあるのだろうか。一方では企業の社会的責任がどうのこうのと立派なことをいいながら、一方で下品極まる番組を流すことで、社会や子供たちへの悪影響について何の違和感もないのであろうか。余りのひどさに、二〇〇九年十一月に「放送倫理検証委員会」が、バラエティー番組に関する番組制作の指針作りを提言する意見書を民放連に提出した。

民放のテレビ関係者の話によれば、テレビ局の経営悪化と共に、実際の広告番組は自社制作を止め、どんどん系列子会社に過酷な条件で下請させているため、番組の質はますます落ちているという。

これらの番組に直接携わっているプロデューサーやディレクターは、殆んどが人格も完成されていない二十~三十代のしっかりした倫理観の確立されていない若者で、常識と良識を備えた人格のほぼ完成した四十歳前後は、番組制作に直接タッチすることが少ないことも番組のレベルダウンの原因になっているらしい。各局内にある「番組倫理委員会」は一体何をしているのか。これはベテランになるとデスクに入ってしまう新聞業界についても同じようだ。しかし、老人や子供達がテレビを見る時間はますます増える傾向にあり、テレビの低俗化による民度の低下と白痴化、それに伴う人間の軽薄化は避けられないであろう。最近ＮＨＫも徐々に下品になってきているといわれているが、日本の皇室の存在が、長い伝統と文化に基づく「上品であること」が如何なるものかを例示する如く、せめてＮＨＫだけでも最後の砦として品位を守ってもらいたいものだ。

二、他人に頭を下げたことのない人たち

同類のことは、他のマスメディアの人達にもいえる。仕事柄これまで多くの新聞や雑誌記者のインタビューを受けてきたが、失礼ながら特に若い記者には感心しない人が時々いる。一言でいえば、常識と礼儀作法に欠けているのである。これは私だけの意見ではない。こちらがきちんと背広とネクタイを付け対応しているのに、背広はなしで、ネクタイは首から長く下げたまま平気で応対する。失礼で品が悪いだけなのに、記者のダンディズムと勘違いしているのであろうか。約束時間にはしばしば遅れてくるし、それに謝りもしない。書評を書くためインタビューに来ていながらロクにその本も読んでいない。もし一般企業で若い社員がトップにこん

な振る舞いをすれば夕ダでは済むまい。昔から世間知らずは（一）学校の先生、（二）医者、（三）坊さん、（四）警察官、（五）新聞記者、とよくいわれるが、結局、あまり他人に頭を下げたことのない人ということであろう。

記者を例に取ると、中には立派な見識を持った方もたくさんいるが、一方、自分は社会の動きや物事を一番よく知っているインテリと錯覚している人もいるようだ。毎日多くの然るべき人物に接し、表層的な耳年増になっているだけで、話してみると実際はあまり読書も勉強もしていない人も多い。態度が横柄なのも、皆にペコペコされ続けると、つい自分が大物と勘違いし錯覚するためであろうか。我々は相手の職業柄を十分弁《わきま》えて対応しているに過ぎない。記者OBからよく聞く話だが、定年になって初めて世の中がよく分かったと。礼儀作法というイロハすら弁えない者がロクな仕事など出来る訳がない。いずれの業界も結局は、それに従事する人達の総合的な知性と教養のレベルにより規定されるということであろう。

マスコミや企業経営のリーダー達はこれらの点につき、真摯に反省しなければリーダーの資格などないと心得るべきであろう。ベテランといわれるジャーナリストの中にも、政府の機密費や政党から裏でお金を貰ったり、派閥の会合での講師となり、多額の講演料を貰っている人もいるようで、このような御用記者や御用コメンテーターの意見を丸呑みしてはならない。真のリーダーたるものは、常に自分自身の確たる意見と見識を持ち、かかる無責任な金儲け主義のジャーナリストの意見に振り回されぬよう充分留意する必要がある。

テレビにしろ新聞、雑誌の活字離れによる事業衰退は、魅力のない内容のお粗末さがその原因であり、自業自得の結果なのである。

現在の日本国家は歴史的変動期にあるにも拘らず、新聞記者をはじめ多くのジャーナリストはサラリーマン化し、リスクを取ってでも正論を主張するという昔ままあったジャーナリストの気概を失い、鋭い洞察力と分析力や批判力をベースに、国家の将来に関わる政策について語ることが今や皆無に近くなっている。そして世論調査という安直な自己の責任逃れの手法で以ってそれに替えようとしているのである。

その原因の一つとして考えられるのは、人権派の台頭である。いろんな記事に対し「人権の侵害」や「名誉毀損」を旗印に、新聞社や出版社を安易に裁判所に告発することにある。また、裁判所側は、書く方が悪者で書かれる方が被害者といった印象を持っていると思われるふしがある。また、政治家側からの圧力で、制裁金が最近非常に高額化してきているといわれている。数年前、相撲の八百長を報じた週刊誌に五〇〇〇万円に近い多額のペナルティを課している（しかも、これは誤審であった）。勿論、無責任に事実無根のことを記事にすることは論外としても、社会的に見てどうもいかがわしいと思われることは、自分の身を賭してでも、とことん追及していくのがジャーナリストの使命である。

田中角栄氏の金に関するスキャンダル事件でも、田中番と称される取り巻き記者達は、充分それを認識していたにも拘らず書かなかったといわれている。それをジャーナリストの立花隆氏が暴いた結果、事件となったのである。本来のジャーナリズムの社会的責任は時の権力者の行動を監視することにあることを忘れているのではあるまいか。

現在、日本にも多くの週刊誌が発行されているが、原稿の半分近くは大手新聞社の政治部や社会部の記者によるものとなっている。品性上、或いは、新聞販売の売上を懸念して、新聞で書けないと思われるものを週刊誌に流している訳である。更に、一般書店で売られていない定期購読者向け専門の雑誌も、新聞記者の横流し記事が多いのも事実である。確信の持てる内容の記事なら、自社の新聞で堂々と書けばよいのである。見方によっては、本当に価値ある記事は自社の新聞には書かず、アルバイト的なこれら雑誌社へ流している可能性もある。

三、中国に甘いメディアやジャーナリスト

著者が数年前、ある新聞社の依頼を受け、昔の帝国主義時代の植民地政策も含め、中国やアメリカ、英国、韓国に関し、特に中国を中心にかなり痛烈な批判エッセイを書いたところ、内容の訂正（マイルド化）を求められたことがあったが著者は拒否した。記事の内容に嘘偽りは何もなかったからである（208ページご参照）。

その訂正要求の理由として、毎日発行される日本の新聞や雑誌の中国関連記事は、日本に数

千人いるといわれる中国のインテリジェンス関係者により直ちに翻訳され、北京の中国政府の国務院へ報告されてチェックされているという。その結果、中国に批判的な内容の記事が掲載されると、その新聞社の中国支社が閉鎖され、特派員が強制退去される恐れがあるからだという。昔、産経新聞の北京特派員が強制帰国させられた例があるからである。しかし、その後の産経新聞はいろんな他の情報源からニュースをとり、何一つ他社に引けをとらず中国情報に関し実質的に何のハンディもなかったといわれている。

それは、中国政府当局の発表するいろんな情報は、かなり意図的で真実でないものが多く、そんな情報を基に記事を書いても意味もなく、またそんな情報を中国当局から直接取らなくても、他にいろいろな方法もあり何の不便もなかったからであった。しかし、新聞社の特派員の一人や二人のリスクをいうなら、著者の関係する企業にも数千人にのぼる従業員とビジネスリスクがあると反論し、結局、無修正で記事は掲載された。

本件に関連してフランスのジャーナリストの幹部に「中国に不利なニュースを流したとして、中国特派員が中国からの退却を命じられた事例があるか」との著者の質問に対し、「そのような例はヨーロッパにはなく、そんなに心配して本国に送るニュースを選別するなどといった、つまらん配慮をしているジャーナリストは一人もいない」とのことであった。

昔、日本は他国同様に現在の中国を支那と呼んでいたが欧米も現在同様チャイナやチーナであった。戦後左傾メディアや学者が遠慮して中国と呼ぶようになったらしいが、世界で「中国」と呼んでいるのは、今は多分日本だけであろう。本来「中国」という呼称は「立派な国」という意味であって国名ではない。この日本ですら自分の国のことを「中国」と呼んでいた時代もあったのである。特に戦後の日本人の中国へのおもねりの精神が、本来客観的に物事を見るジャーナリストまでもが支那とも呼ばず、卑屈な態度を取っている一つの原因であろう。

今後、特に日本は中国に対し、如何に対応していくかが大きな課題であるが、先ずはメディヤやジャーナリスト、及び左傾学者の基本的精神を叩き直す必要がある。一方で経済人も裏に廻れば中国の悪口や批判はしていても、直接商売に関わるだけに表立った中国批判は差し控えているが、中国リスクの大きさを考慮して内心では近い将来、中国から他のアジア諸国への工場移転を考えている企業は実に多い。

また、大手商社の中国ビジネス関係者の話によれば、中国へ進出している日本の中小企業のうち約八割が、経営に失敗し技術だけ盗まれ撤退しているといわれている。失敗例は日本より少ないが、韓国、欧米メーカーにも同じような話もあるようだ。これら企業は己の失敗を恥じて何も世間には広言しないから、皆よく知らないのである。この辺のことも、日本のメディアはなかなか正直に詳しく報じようとしない。日中両国の真の友好関係に何が重要なのかの意識と勇気が欠けているのではあるまいか。

ポピュリズムやセンセーショナリズムに迎合した現在の日本のマスコミの本質を忘れた枝葉末節論中心主義は、国民の民度を落とし国家の崩壊につながることを関係者は本当に心してもらいたいものである。同時に一般国民もかかるジャーナリズムの実態をよく弁えておく必要がある。

第四章　リーダーの「人間力」とその姿勢を問う

一、リーダーの条件と人間力とは何か

前述の如く、最近特に「人間力」の重要性がいろんな方面から叫ばれているが、何故か。その一つの理由として考えられるのは、世の中の情勢、特に経済情勢がますます厳しくなり、グローバリゼーションや円高対策、海外での現地調達、海外企業との連携等で、企業運営が非常に難しくなってきていることが考えられる。その企業運営の上手、下手は、リーダー次第であり、そのリーダーの人柄や人間的魅力や能力、即ち総合人間力によって左右されると考えられるからである。日本人のみならず、多くの外国人を束ねていくには、束ねるだけの能力が必要とされるようになった。

また、グローバル化による中国、韓国、台湾等の近隣諸国との競争激化、少子高齢化、ＧＤＰの減少、環境問題への配慮、最近日本の若者の気質変化等も大きく影響しているものと思われる。

一体、人間力とは何なのか。そしてそれを強めるにはどうすればよいのであろうか。

リーダーに求められる基本条件は、能力や徳性、あるいは人望をベースとした総合人間力であり、多くの人の意見を分類すると、次のような諸点に集約されるようだ。

①十分な知識、見識、胆識を持った人
②大局観、長期展望力、戦略観を持った人
③決断力、組織統率力、明確な説明能力、説得力、実行力を持った人
④創造力、自分なりのビジョンや情熱と責任感を持った人
⑤状況変化に対する臨機応変なる果断、迅速なる対応力のある人
⑥公平感を持つ人
⑦組織の外の力を利用できる人
⑧自分を常にイノベートできる人
⑨時間管理のうまい人
⑩後継者の育成のできる人
⑪素直に感動する心（子供心）を持った人
⑫自分の直感にかける勇気のある人
⑬やめる勇気のある人
⑭組織をモチベートし、やる気を引き出せる人間的魅力のある人
⑮現場を重視する人
⑯自己犠牲を厭わない人
⑰他人と違う角度で判断し決断する人

⑱時々の最適な仕事の仕組みを構築できる人

以上の諸点は当たり前のことばかりで、これらが本当に身に付き実践できるのであれば、今更、リーダー学や人間学など学ぶ必要はない。このような内容のものは効率的に研修所で教えるようなもので、研修会が終わればすぐ忘れやすく、その場限りの知識で終わるケースが多い。今回、本著では、これら結論的な内容のベースとなると思われる具体的事例をあげたのは、単なる「経営の技術論」的知識ではなく、最終的にはリーダーの人格、品性、志、等の哲学的な「人間力」によるものであることを理解していただくためである。

このようにリーダーを目指す人は、できるだけ多くの世界の古典、特に日本人は、中国の古典を読むべきであろう。あらゆる中国古典は「人間学」且つ「リーダー学」であり、あらゆる中国古典のメインテーマなのである。そして結論として大事なものは、仕事の出来る能力と徳の二つであると述べている。しかし、中国古典は前述の如く「公」の精神より「私」重視であり、人間学として決して万全のものではないこともよく心得ておく必要がある。

中国古典は、人生のいろいろな出来事に如何に対処すべきかの処世術のテクニック、或いは、ノウハウ書としては優れたものであることは間違いがないが、決して高邁な理念や原理といった哲学書ではないことを念頭においておく必要があり、これさえ読んでおけば全て十分というものではない。人間力の根底をなすものは、もっと幅広い教養と人生哲学が必要である。

これに直接関連するものではないが、参考までに分り易い具体例を四つ五つ挙げてみるが、これから人間は本来どうあるべきかについて何等かの触発的なものを感じてもらえれば幸いである。

(1) 楠木正行《くすのきまさつら》の例

〝武士の情けとヒューマニズム〟

南北朝時代に活躍した楠木正成の長男として生まれた楠木正行は、湊川《みなとがわ》の戦いで父の正成が死亡したが、その後父を継ぎ楠木軍の総師として南朝側に立って北朝側の足利軍と戦った。そのなかで住吉浜の戦いで足利軍を破り、その際、雪崩《なだれ》を打って敗走し始めた多くの敵軍が攝津国渡部橋に殺到し、真冬の川で溺れるのをみて進軍を止め、彼らを助け手当てをし、衣服を与え敵陣へ送り帰した。彼のこの行為に敵味方とも大いに感激し、その後彼に信服し楠木勢に参戦するものが多数出たという。真の武士の情けを持つ人間として、後世まで彼は誠忠、正義の士として崇められた。

(2) 北条時頼の例

〝植木鉢の焚き木物語〟心からなる親切の陰徳行為

鎌倉幕府の五代目の執権北条時頼は、仁愛、公平、質素倹約を旨とした〝名君〟の祖型といわれている。日本全国を回国行脚して地方の実態把握に努めた。執権職を祖父北条泰時の弟の子北条長時に譲り出家し、鎌倉の最明寺に入り覚了房道崇《かくりょうぼうどうすう》と名乗り、実情把握のため諸国を巡り歩いた。

鎌倉へ戻る途中、雪の降りしきる下野《しもつけ》（栃木県）佐野地方を通った時、「佐野源左門常世《げんざえもんつねよ》」という貧しい武士の家に泊めて貰った。昔は然るべき武士であったが、一族に騙され領地を横取りされ逼塞していたのである。佐野は自分の家にあった食料品を全部差し出したり、そばにあった鉢から梅、桜、松の木を抜き取り、ナタで割って焚き木にして暖をとらせるなど精一杯のもてなしをした。

勿論、佐野源左門常世は、この僧侶が何者であるかは全く知らないが、会話の中で執権時頼について聞かれた時「私は前執権時頼様を信じています。公正な人で必ず我々にも光を当てて下さる人です。もし、鎌倉に何かあった時は、真っ先に鎌倉に駆けつけるつもりです。そのためこのような貧しい生活をしていても、弓の手入れを怠らず、痩せ馬も飢え死にさせぬよう立派に育てています」と。感動した時頼は、翌朝鎌倉に戻った。そして間もなく、諸国の軍勢を催した。佐野源左門常世はちぎれた具足を着、錆たる長刃を持ち、痩せたる馬で駆け付けた。北条時頼は佐野の前言が偽りではなかったことを知った。やがて佐野のところに前執権北条時頼より使いが来て、至急鎌倉へ来るよう沙汰があり間近で出会ってみると、先日の旅僧であった。「先日は世話になった。礼をしたい」といって、新しい領地三ケ所を与えた。

それは加賀の梅田荘、越中の桜井荘、上野《こうずけ》の松井田荘であった。ハッと気がつくと、それぞれあの日燃やした梅、桜、松の名がついた土地であった。佐野源左門常世深く感動して言葉も出なかったといわれている。これは心からなる無償の陰徳行為のもたらした代償ではあるが、困った人には親切にするものとの教えでもある。また、この話が「いざ鎌倉」の語源として、謡曲「鉢木《はちのき》」で一般に流布されたといわれている。

(3) 山本五十六元帥の例

〝部下思い〟

山本五十六元帥の人望と徳性の高さは、いろんなところで発揮されているが、たとえば、戦死した部下の名前は全部手帳に記し、折に触れそれを見ていたとか、或いは、彼が航空母艦に乗り航空機の離発着訓練を観閲していた時、一機が航空母艦に着艦しようとしていたが、何かのトラブルでスピードが落ちず、海に転落しそうになったのを見て、司令官室から飛び出し自ら飛行機の尾翼につかまり転落を防止しようとしたが、その時それを見たほかの将兵たちも一斉に飛び出し、ギリギリのところで転落を防いだという。この彼の命をかけて部下を守ろうとした姿を見て皆感動し、心から彼に心服したという逸話がある。

(4) 工藤俊作海軍中佐の例

敵兵救助〝英国海軍人は日本の武士道に感激〟

駆逐艦「雷（いかずち）」の艦長であった工藤俊作海軍中佐は、オーストラリア、ニュージーランドの南洋方面で活躍していた。

一九四二年スラバヤ沖で日本艦隊と英米蘭の連合艦隊との間で行われた海戦で、日本艦隊に撃沈された英国海軍巡洋艦の「エクゼター」と駆逐艦「エンカウンター」の乗組員四百数十名は二日間漂流を続けていたが、この海域を航行していた駆逐艦「雷」に発見された。この時、英国海軍中尉だったサムエル・フォール卿は、「日本人は非情」という先入観を持っていたため、日本の駆逐艦からの機銃掃射を受けていよいよ最期を迎えるものと覚悟したという。

ところが駆逐艦「雷」は、直ちに「救助活動中」の国際信号旗を掲げ、漂流者全員四二二名を救助した。そして艦長の工藤俊作中佐は、救助した英国海軍士官全員を前甲板に集め、英国軍の健闘を称えると共に「本日、貴官らは日本帝国海軍の名誉あるゲストである」と英語でスピーチし、兵員も含め全員に友軍以上の丁重な処遇をしたという。翌日、パンジェルマシンに停泊中のオランダ病院船「オプテンノート」にこれらの捕虜は引き渡された。

戦闘行動中の艦艇が、敵潜水艦の魚雷攻撃をいつ受けるかもしれない危険な海域で、自艦の乗組員の二倍の敵将兵を救助したのである。これは勿論、艦長の工藤俊作中佐の英断であった。しかしこのことは、その後、駆逐艦「雷」が戦没し多くの乗組員が犠牲になったため、工藤俊作中佐は自戒の念から家族にも話さなかった。

フォール卿はこの駆逐艦「雷」の艦長への恩が忘れられず、戦後も工藤中佐の消息を探し続けていた。ようやくその消息が分ったものの、一九八七年（昭和六二年）に工藤中佐が八年前に既に他界していたことを知った。

二〇〇三年（平成十五年十月）フォール卿は八四歳となっていたが、「人生の締めくくり」と決意し、工藤中佐の墓参のため来日した。フォール卿から、工藤中佐の英断に旧日本軍に武士道を見たと、あの時救助された多くのイギリス海軍兵から尊敬されていることを、その時家族は初めて聞かされたのだった。

(5) 今村均陸軍大将の例

〝最後まで責任を果たした軍人〟

今村均将軍は、まさに徹頭徹尾見事に自らの責任を果たした人である。インドネシアでは、民族独立を目指すスカルノとの友情を貫き、日本軍四万人がジャワに上陸し、僅か九日間の戦闘で一〇万人のオランダ、イギリス連合軍を降伏させ、地元住民に対しては住民愛護の軍政方針を徹底させた。今村の軍政方針は、自身が起案した「戦陣訓」の「皇軍の本義に鑑み、仁恕の心能（よ）く無辜（むこ、罪のない）の住民を愛護すべし」に則ったものであった。それに対し、たとえば、敵が破壊した石油精製施設の復旧について、民衆は全力を上げて日本軍に協力した。

ラバウルでは陸軍七万人の兵を統率して、米軍の攻撃をものともせずに、玉砕も飢えもさせずに敗戦まで持ちこたえ、無事に帰国させた。戦犯として捕まった部下を救うために、自ら最高責任者として収容所に乗り込み、一人でも多くの部下を救うべく奮闘した。帰国後は、部下や遺族の生活のために奔走した。東京の巣鴨拘置所で戦犯として収容されていたが、インドネシアで収容されている部下を思い、同じ戦犯として収容されるなら、インドネシアの部下と共に収容されたいとマッカーサーに願い出て許可されインドネシアに戻り、刑が終わるまでそこに滞在した。その姿はマッカーサーをも感動させたのである。政治家や官僚、企業経営者の責任が問われる今、責任をとるとはどういうことか、今村将軍の生涯を振り返りつつ考えてみたいものである。

以上五つの例からリーダーに相応しい美しい人間の生き方とは何かを感じ取ってもらいたい。小手先の人生の対処法を学ぶより余程参考になるものと思う。

二、「管理思考」中心から「企画思考」重視へ

従来の日本の企業における一般的風潮は、管理業務能力重視型であったといえる。それは経済が拡大発展している時はそれで不都合はなかったが、現在のように不況が長引くと、それでは企業はもたなくなるのである。この不況脱出のため各企業は必死になって新製品や新規事業

を模索し、将来の企業の「ありたい姿」を追求していかねばならなくなってきている。そのためには、管理思考から企画や閃き思考重視へと姿勢を変えていく必要がある。多くの企業は、所謂、「企画・管理部門」、あるいは、それに類する部門を持っている。この部門には通常優秀な人材が集められ、本人たちもエリートコースと自負しているようだ。しかし不思議なことに、商社等一部を除き企画部門と管理部門が明確に区分されている企業は意外に少ない。

両部門は根本的に相容れない性格の仕事の分野である。管理部門は主として、過去及び現在の事柄を対象とした管理業務であり、企画部門は将来の企業の姿を模索する部門である。こんな性格の異なる部門が同一部門内にいること自体間違っている。

例外はあるにしろ人間というものは、具体的で取り組みやすい仕事に傾きやすい。そのため大部分のスタッフは管理の仕事に熱中し、それで十分仕事をした気分になっている。知識さえあればこなせる管理の仕事とは異なり、企画という仕事は将来のことに取り組む曖昧なものであるため、知識ではなく、企画力、創造力、先見力といった知恵とか、新たな発想とか、ひらめきとか感性といった能力が必要とされるため取り組みにくく、どうしても手抜きされる傾向になる。これを防ぐためこの両部門をはっきりと分離する必要がある。

更に問題なのは、企画や管理部門に長くいると、どうしても「管理型人間」になり、ラインの人間を締め上げることはあっても、自分を鍛えることは出来ない。企画部門の人間は、発想の柔軟性とか新たな挑戦とか、ややはみ出し型の「創造型人間」でなければならないのに、管理部門の影響を受け知らず知らず「管理型人間」になっていくのだ。

特に管理部門は自らが発想することは少なく、いろんなライン部門から提案された事項を検討し、上層部に上げるためにコメントをつけたり、文句をつけたりするのが主な仕事となり、自分自身で最終判断や決断をすることは殆んどない。最終結論を出す決裁機関で承認されたら、その後の結果責任を問われることはまずない。結果が悪い場合、その責任を問われるのは提案したラインの責任者である。

一方、ラインの責任者は、毎日様々な決断の連続である。上と相談する時間などない場合も多い。決断には必ず責任が伴うため、ラインの長は本社スタッフに較べ、失敗の責任を問われるリスクは高い。責任逃れのため決断せず逃げ回る優柔不断なライン長もいるが、それでは組織は回らない。

決断もしなければ結果責任も問われることもないこんな世界に長くいると、本来優秀であった人間が成長せず、どんどん評論家的で調整型の管理型人間となり、人間の器が矮小化していく傾向が強い。組織のトップや企業の社長、役員の主な仕事は管理業務ではなく決断していくことであるが、部課長時代に責任感に基づく決断の訓練が出来ていないと、トップになったときに行き詰ってしまうのである。

正しい決断など、多くの経験と広い視野と知識、あるいは胆力なくしては出来るものではない。管理部門は、企業全体像を把握するには非常によい職場であるが、以上述べた理由で、トップリーダーを目指すものは、決して長くいるところではない。いつのまにか自分の創造能力や胆力を殺してしまうからだ。

一般論ではあるが、管理能力に優れた人間は失敗がなく、上からは優れた機能集団として使い易く、信頼感が持たれ優秀な人材と見做され出世しやすい。しかし、このタイプの人間は、枠からはみ出た発想とか、新しい事にチャレンジしようとしない傾向がある。現状維持は完璧であっても、新しい未知の分野の事業に手を出すことに不得手で、良い意味でのジャジャ馬になれないのである。暴れ馬のいない調整型と管理型の役員で凝り固まった企業は現状維持の安全運転はできても、新たな発展などする訳がない。一般的に「管理型」は、胆力や決断力に欠ける傾向にあるため、残念ながらトップには不向きといわざるを得ない。管理能力と経営能力は別物なのだ。

外国企業から、日本企業の欠点の一つとして「決断が遅い」とよくいわれるが、問題点がすぐに直接トップに行かず管理部門経由になるため、どうしてもいろいろなチェックが入り、徒に時間を費やすことも原因の一つではなかろうか。トップの資質と性格にもよるが、「躊躇する者は敗者なり」という名言もあり、早い決断のためこのプロセスを逆転させてはどうか。また、不況の深刻化と共に過剰管理になりやすく、そのため社員が萎縮し活気を失うことも留意しておく必要がある。

リーダーを目指す人は、この組織の持つ欠陥を十分認識し、組織運営や人事を行うことが極めて重要である。管理型人間ばかりを「しっかり者」と勘違いして重用してはならない。

三、今後は「演繹的思考」から「帰納的思考」の時代へ

（1）演繹法的思考法—既存の法則性重視

前章とも関連するが各企業や組織とも新しいアイデアを生むためにはどうすれば良いのか皆この問題に悩んでいるが、実は方法がない訳ではない。作家で評論家の日下公人氏の分り易い説明を一部お借りしていえば、ものごとの「考え方」には二通りある。それは「演繹的」思考法と「帰納的」思考法といわれるものである。よく哲学で用いられる言葉である。既に正しい理論や法則が出ていて、即ち答えが出ていてそれをいろんな方面に適用していくのが「演繹法」である。日本の従来の教育は全てこの演繹法でやられてきたために殆んどの人はそれに慣れ、演繹法で考えるようになっている。

学校で出題される問題は必ず解法が一つであり、それ以外の正解はあり得ない問題に限られている。従って、先生の教え通りの解法を適用すると必ず正解が出る様になっている。そのため正解の分からない問題や、いくつもの学説があってまだ定説のないテーマは、教育の場では絶対取り上げられることはない。「演繹法」は結果が先にあって、そこにたどりつく合理的な

筋道を考えていくのであるから極めて効果的である。これ迄の日本はこの「演繹法」でこと足りてきた。それは欧米先進国に手本があったからである。特に戦後は、アメリカに全て正解があり、それに如何に早く行きつくかの一番合理的な道筋を考えれば良かったのである。この点では日本は大変な優等生であった。

この「演繹法」的アプローチは、特に中進国向けの思考法といわれている。何故なら、この「演繹的」思考法では、予定された解答にたどりつけても、それを越えて更に先にいくことは出来ないからである。

(2) 帰納法的思考法―閃きと感性重視

一方、新しいアイデアや新しい問題解決法を見い出すのは、この「演繹法」とは異なる「帰納法」といわれる思考方法に立脚する必要がある。

この「帰納法」は「演繹法」とは違い、どんな結果になるかについてはあらかじめ解答は用意されていない。即ち、どんな結果になるかも見当がつかず、やってみなければ分からない性格のものである。そのため、とにかくこれが良いのではないかと思われるいろんな材料を集めることから始めるのである。それらを煮つめて、何やら法則性をみつけ、理屈をつけてそれを答えだと推定するのである。それが本当に正しい答えであるかどうかは分からない。かかる答えと結論は、あくまで仮説である。

しかし、この世のどこにもない新しい先端的なアイデアや考え方を生むためにはこの「帰納法」で考える以外にはないのである。松下幸之助氏のかの有名な言葉に、結論や解法に自信が持てず迷うときは、「とにかくやってみなはれ」の精神とも類似している。申す迄もなく、既存の解法の法則性に頼れないため「帰納法」はムダが多いが、その代り頭の体操的な楽しい思考法でもある。

（3）今後は帰納法で考える時代

「演繹法」はその理論を習得しそれから脱線しないようにコツコツと適用していくという真面目さが必要だが、「帰納法」は「非真面目」が真骨頂で、いろんな関連するデータや正式に認められていない説や噂的なものなどを集め、そこから学ぶべきものを抽出する行為である。これが知的生産の喜びでもあり思索の楽しみでもある。いろんな材料や諸説、諸見、意見の集め方、そこから学ぶべきものとして何を抽出するかは、人それぞれの閃きや感性によるものである。それ故に、「帰納法」は極めて感覚的な考え方である。その中ですぐれたアイデアにぶつかり、その仮説が次の発見に結びついていく、つまり、「帰納法」こそ先進国の思考法であり、文化の時代の思考法であるといえる。

将棋や囲碁の名人達が何十手先、何百手先の「打ち手」について時々突然頭に霊感のようなものが閃く時があると語っているが、毎日毎日いろんな手を想像し先々を読む訓練をしていると、通常の十手先や二十手先の読みを飛びこして、理論上の順列組み合わせでは何千、何万もある手の内から、相手のくり出す次の手を読めるようになるらしい。

読みは積み上げ的な論理だが、閃きは「直観力」である。「直観力は天の啓示」といわれるが、やはり日頃の努力の積み重ねにより得られるもので、それが「帰納法」の達人になる道である。西洋に「運は意思の産物」という格言がある。運は全て天の意思で決まるものではなく各人の意欲や意思、あるいは努力にもある程度左右されるという意味であろう。「閃き」も努力の賜物かも知れない。

以上にいろいろ述べたのは、我々の思考法は知らず知らずの内に従来型の確実に結論の出やすい「演繹法」に頼りがちになっているため、前例のない難事をすぐ諦める危険性を指摘したいためである。現在の日本の様に先進国となった以上、今後模範や目安となるべき先生がいないため、全て自らが考え出していかねばならない時代に我々は立っていることを自覚し、「帰納法」的思考がいよいよ重要になってきていることを十分認識する必要がある。

宮本武蔵の言葉ではないが「万事に於て、我に師匠なし」の時代なのだ。いずれの企業も大なり小なり同じであろうが、多くの企業は、現在、将来の「ありたい姿」の模索に必死に取り組んでおり、これをブレークスルーするためには、帰納法的思考による新しい発想とチャレンジが必要なのである。特に新製品や新技術の開発や営業行為の分野に於てこの精神が重要である。その時々の状況が千差万別で、それぞれに適したあらゆる応用動作が必要不可欠な営業行為には、この帰納法的発想でなければ成功しないケースが多い。従来の紋切り型のやり方や発想では新しい道は拓けないのである。

それには、頭をただ単に枕にだけに使うのではなく、常にいろんなことに使う平素の心掛けが大切である。技術であれ、営業であれ、それぞれの難しい局面の打開に如何なる手段や手だてが有効かの知恵をその都度出す必要がある。普段から常に物事を多角的に幅広く、深く考える習慣を身につけていなければ急にいい考えやアイデアなど出る訳がない。よくいわれる様に、特に営業マンや研究者には感性や勘、あるいは閃きが重要だということである。「閃き」というものは直接的なことよりも一見とんでもない全く何の関係もない間接的なことから生まれるケースが多いとよくいわれるが、そのためには、幅広い知識や柔軟な頭脳、また一見ムダなように見える関係のない分野の教養や遊びも、あるいは、人生上の大いなるムダも必要なのである。優秀といわれる営業マンや研究員には結構遊び心を持った人が多く、コチコチタイプはいない。一日中パソコンにかじりついている様な人物からは絶対に新しいアイデアなどは出てくる訳がないのである。

演繹的思考に凝り固まった人の重大な欠点は、指示されたことや、従来の延長線上的な思考で対処出来ることについては、極めて真面目によくやるが、従来の枠を少しでもはみ出たようなことにはなかなか挑戦しようとしない傾向が極めて強いということである。会社に重大な損害を与えたり、組織がガタガタになるようなムチャな枠の踏み出しは困るが、企業の中に、この従来の自分の職域の枠を越えてでも、事を成さんとする社員がどれ程いるかが企業の将来を左右するのである。帰納法的発想を持つ、いい意味での暴れ馬、ジャジャ馬が必要なのである。多少のリスクはあっても、従来路線や職域から一歩でも二歩はみ出してでも、挑戦してみようという意欲なり度胸が必要なのだ。

前述の松下幸之助氏の言ではないが、最後の結果の如何を問わず、「とにかくやってみよう」というチャレンジの精神こそ企業発展の基礎ともいえる。先進国企業として、今後は「演繹的」思考では乗り切れない新しい多数の難題が予想されるが、この際「帰納法」的思考の重要性と有効性を改めて認識する必要があるのではなかろうか。このことは閉塞感が充満している現在の日本全体についてもいえることかもしれない。チャレンジ精神と「帰納法」的思考は深くかかわりあっているのである。

できない理由をあれこれ考える前に、平素から「閃き」と「直感力」を磨き新しいアイデアと解法を生み出すことだ。スイスの哲学者カール・ヒルティの「やってみるのは学ぶのに勝っている」という有名な言葉がある。とにかくやり始めることが肝要だ。

リーダーを目指す人に求められるこのチャレンジ精神も、重要な指導者の資質であり条件の一つである。

四、ブレないことがリーダーの絶対条件

世の中によくあの人は、絶対ブレのない人だから信用できるといわれる人物がいる。反対に昨日いったことを、今日になって平気で変える人もいる。当然のことながら、こういうブレる人は周囲からも、部下からも信頼されない。それは結局、初めから確たる自分の信念やしっかりした考え方を持っていないためである。それが、もともと人間ができていないせいなのか、オポチュニストなのか、あるいは、知見、知識の不足によるものなのか、いろいろ原因はあると思われるが、こんな人物の部下はたまったものではない。

最近の日本の総理に本人の言動の軽さとブレまくりで、世界の笑いものになった人物がいるが、地位が上がるほど公に基づく強い信念がなくてはならないのはいうまでもないことだ。リーダーの資格の必須条件の一つが「決してブレないこと」というのが、昔からの通り相場であった。上司や他人から何か言われる度に、ころころと方針や考え方を変えるようでは、誰からも信頼されなくなるのは当然のことである。勿論、細部の点や枝葉末節のことは、状況によって臨機応変にいろいろ変えて対応しても一向に構わぬが、基本となる中心線や座標軸だけは易々と変えてはならない。

困難に直面すると途端に方針を変えたり、逃げようとする人物はよくいるものだが、こんな人物はリーダーになる資格はない。過去の例を見ても、偉大な政治家や経営者に共通している点は、私ではなく公に基づく強い信念を持ち、それを決して最期までブレることなく、貫き通していることである。

五、決断力の養成—決定と決断は別物

世の中には、然るべき地位にいながら決断力に欠ける人が結構多い。部下が決断を求めても、部下と一緒になって悩んでしまう上司は、時間の制約がある場合大変やりにくい。

決断には知識、見識、胆力の三つの総合力が必要である。特に見識や胆力が物をいう。ある件に関し、知識と経験は十分あるのにも拘らず、決断に迷うということはどういう場合かを考えてみると、多少曖昧で不明な点があっても、A案でもB案でも大した差がないと考えるべきである。要するに、五一％対四九％の差と考えればよい。大した差がないから迷うのである。

特に企業における決断は、単純に言えば、どちらがより得か損かの単純な二者択一の選択であって、芸術や音楽、あるいは文学の場合のような価値観の多様性はない。差が殆んどないのであれば、徒に時間を浪費せず、一刻も早く決断すべきである。但し、よく心得ておくべき

は、全てのデータが揃い曖昧な点がない場合は、それは決定であって決断ではない。不明で曖昧でバクチ的要素が含まれている点があるから決断なのである。一方、決定は過去の事例をベースにしたものが多く、実際の状況を踏まえたものとは限らない。将来どんなベターなチャンスがあるかも知れぬ若い時代に、ある特定の女性との結婚を決断する胆力に較べれば、経営決断の方が易しいと冗談交じりに言った人もいる。

更に、常に気をつけるべきことは、決断と軽率、優柔不断と慎重は背中合わせであり、紙一重の場合があるということである。誤りのない、タイミングの良い決断力もリーダーに求められる総合人間力の一つである。最近のようにグローバリゼーションが進み、世の中が複雑化すればするほど決断が難しくなってきているが、多くのトップの経営者がいうのは決断の拠り所になるのは、豊かな経験と知見に基づく正しい総合判断力である。それには関連する世の中の状況や世界の動向との関係性を正しく読むことであり、その前提となるのはいろんな経験と深い教養である。残念ながら昔の経営者に較べ、最近の経営者には教養が欠けているといわれている。

六、知的喧嘩力も人間力の一つ

人間誰しも長く生きていると、私的にも仕事上でもいろいろトラブルや喧嘩に巻き込まれるのは避け難い。私的なものは別として、仕事上のトラブルやクレーム騒動が発生した場合、それにどう上手く対応して行くかもリーダーとして極めて重要な能力といえる。

客先とのいろいろのトラブルやクレーム、或いは、下請企業とのトラブルや倒産事故等いろいろあるが、それらをスマートに解決できるか否かはリーダーの能力にかかっている。

仕事上のトラブルは、将来のビジネスに悪影響が出ないよう、できるだけ穏便に解決するに越したことはないが、いくら話し合いをしても解決できない場合、又は、中立的な影響力のある第三者を介しても相手が応じない場合は、最後の手段として、将来相手先とのビジネスを失うことも覚悟の上で、争うときは争うという気概を持つ必要がある。事なかれ主義で何の手も打たず、徒に時間を費やすことは避けなければならない。

申すまでもなく、相手と争う場合、この喧嘩に勝てるのか否か、十分見極めねばならない。それの根拠となるのは、部下から正確な情報が全て耳に入っていることを確認した後、客観的に見て正義と正論はいずれにあるのか、いずれの側がリーズナブルでアンリーズナブルなのかを冷静に判断することである。そして争う以上、最後は法廷闘争も辞さずの覚悟が必要である。

そこで賢明な喧嘩の仕方が重要になるが、相手をよく見て、それぞれ最適の手段を選ぶ必要がある。そして最悪、法廷闘争になった場合にも勝てる内容の論点に絞ることが大切である。

相手先との論争の手順として、

（1）過去の経緯を、裁判官も含め誰が見てもよく分かる記録内容にしておくこと。特に相手側が裁判等で公表されることを一番嫌がる点をもれなく列記すること。

（2）将来ビジネスが断絶することも覚悟の上で、最悪法廷闘争で争う気概を相手に示すこと。

（3）裁判を起こすと同時に世間にその内容を公表し、裁判の結果も公表することを明言すること。

（4）相手側に出す最後通告は、事前に十分弁護士と相談の上、内容証明付きで社長宛とすること。（社長宛でないと社内で握りつぶされる可能性がある。）

（5）この最後通告には、最後は法廷闘争に持ち込むことを明言すること。

（6）社長宛の最後通告を出す前に、相手の担当役員にその内容を見せること。

以上の手続を踏むと、殆んどの場合、社長宛レターを出す前にトラブルは解決する場合が多い。それは、次の理由によるからである。

（1）誰が見ても法廷闘争になった場合、訴えられた側が間違いなく負けると判断される場合。
（2）トラブルの内容の是非は別としても、取引先とトラブルを起こしていることがトップに知られると、担当役員の出世にひびくと思われる場合。
（3）トラブルのことが社会に知れると会社の体面と信用に関わると危惧される場合。

結局、相手側は自分の非を十分に分っていながらも、そのうち諦めるのではないかと、こちら側をなめてかかっている場合が多いのである。こちら側が弱腰でいつまでも相手に対し毅然とした態度を取らぬことが、トラブルを長引かせる原因となっているのである。また、官庁とか銀行などのように、人事が減点主義で行われている場合は、内容の是非は別として、トラブルを起こすこと事態が減点対象になることも知っておく必要がある。結局、当たり前のことであるが、相手の一番の弱点を突くことが喧嘩に勝つ秘訣である。

トラブルの内容と商売上の損得勘定にもよるが、取引関係中止も覚悟して断固争う気概を持つことが一番重要である。ややもすると喧嘩することを嫌がり、事なかれ主義で泣き寝入りする傾向が強いが、これが物事のモメ事の解決を遅らせる要因となっているケースが多い。

次に、参考までに著者の関わった企業の具体的な喧嘩になったトラブルの事例を一つ二つ上げてみよう。

具体例―（一）

官庁入札の不透明さが世間で大きな問題となっていた頃、ある官庁で入札が行われ、当社が価格では一番札を取ったが、相手側は別の意中の発注先があり、技術面の枝葉末節なことを理由にして技術面で失格させようと図った。たとえば、機械に使用されるビス一本に到るまで全て前に納入したメーカーと（そこにその官から多くの天下りがいた）同一のものにせよといっている。まことにひどい要求で、真にそのメーカーからそっくり丸々購入し、納入せよといっているのと同じことである（後で分ったことだが、このメーカーには既に口頭で発注内示が出ていた）。

本来入札というものは、客先要求の主な機能を充足させておればそれでよい訳で、ネジやビスの形状など本質的な問題ではないのである。要するに価格一番札の当社を嫌がらせで自発的に降ろさせようとしたのである。

そこでトップ宛に、この言いがかりに近い不条理さに抗議してクレームレターを内容証明つきで送付し、満足な回答なき場合は直ちに法的処置に入ると共に、マスコミにその内容を公表する旨伝えたところ、即日、弊社への発注が決定した。

相手側は非がいずれにあるか十分、分かっている訳で、トラブルがマスコミに話題にされると、役人というものは必ず自分の出世にマイナスになることをよく知っているからである。民間企業が「お上」に裁判でたてつくなどとは想定外のことであったであろうし、「銀行」同様

である

「官」もまた、減点主義の人事政策が多いといわれているその弱点をついたのが成功したのである

具体例―（二）

某大手機械メーカーの大型プロジェクトの一部に、当社が主な下請け契約者となり数千万円の電気機器を納入したが、納入当時、一部機械で初期トラブルが発生した。その原因については、双方にそれぞれ言い分があり、平行線で未決着のままこの代金が数年間未決済となっていた。客先も財務的に苦しい状況にあったのと、相手側がこちらより大きな企業であったため、当方をなめてかかっていた面もあり、一方、当社は言うべきことを遠慮して十分言えず、ズルズルと徒に時間のみが過ぎていったのである。このままではいつまでも決着がつかぬため、当社は法的措置をとる覚悟で交渉を開始した。

ところが、幸いなことにちょうどその頃、当社が関わったこのプロジェクトに賄賂事件が起こり、相手側はマスコミに大きく取り上げられた。その賄賂事件の主役を演じたとみられるメーカーが納入した品物が、当社が製作している製品と同一であったため、当社が製作していながら何故他社メーカーのものを採用したかがマスコミの注目するところとなり、当社にも取材が殺到したのである。当社が自社製品を使わず、そのメーカーを採用したのは発注者側の強い指定であったためであったが、それを公表していなかった。その時相手側の社長宛に機械が順

調に稼動しているのにも拘らず数年に亘り代金の未払いは不当であり、近々法的処置に踏み切る旨のクレームレターを内容証明書付きで送付した。同時に賄賂事件に関連し、マスコミの取材対応に大変苦慮していることも付記した。その結果、急転直下支払いがなされてきた。

相手側も自分の非を十分承知しながら長く放置し、当社が諦めるのを待っていた節がある。勿論、当社の腰の引けたネゴの態度も大いに問題があったと思われる。結局、相手が即支払いに応じたのは、裁判沙汰になりこの内容証明付きのクレームレターも当然裁判で証拠書類として採用されるため、賄賂事件の拡大を恐れたためと思われる。当時その点が、相手側の最大の弱点であったのである。遅ればせながら当方の作戦勝ちとなった。

以上のほかにも、いろいろな例があるが、客観的に見て道理がこちら側にある時は、法的には最終的に必ず勝てるのである。

七、中小企業の二世、三世経営者は特に人間力を磨け

一部例外はあるが一般的にいえば、大企業は組織で運営されているが、一方、中小企業はオーナー経営者の人間力をベースとした求心力で動いているケースが大部分である。その意味で中小企業の経営者は、大企業の経営者以上に企業内の存在感が大きく目立つため、部下を引き

付け、従わせるだけの十分な自分の人間力を磨くことが極めて重要である。

中小企業の初代オーナーは、個性が強烈でカリスマ的であり、人間力がすごい人が多い。しかし二代目、三代目は、初代オーナーに較べはるかに高い高等教育を受けている場合が多いが、ボンボン育ちで苦労知らずのため人間力という点に於いては初代オーナーに劣るケースが断然多い。

二代目、三代目の苦労知らずのひ弱な経営者の企業運営のやり方には二通りある。一つは、暴走族型経営であり、他は遺産食い潰し型経営といわれるものである。勿論、一部その中間型もある。

最初の「暴走族型」は、自分が親より高等教育を受けているだけに、その能力を過信し、親以上の業績を上げようと焦り、無謀な新規事業に次々に手を出し失敗していくケースである。初代オーナーは、事業を始める初期段階からいろいろ失敗を重ねて苦い経験を数多く積んでおり、特に初期の段階で金繰りにも苦労したため新規事業への進出には極めて慎重である。

二番目の「親の遺産食い潰し型」は、自分で何一つ積極的に新しい事をやろうともせず、親のやってきた事業をただ継続するだけで、現状維持に甘んずるタイプである。仕事より自分の趣味を優先したり、女性遊びに熱中したりで、結局、このタイプは最後には企業を衰退させ、潰してしまうケースが多い。

昔から中国でよくいわれていることであるが、他国の領土を奪うのと、奪った後その国を上手に統治するのと、いずれがより難しいかという問題である。

企業経営に於いても、新たに事業を起こすのと、それを守り抜くのとでは、いずれが難しいかという同じ問題がある。要するに「創業」と「守成」のいずれがより難しく、より大切であるかという点である。

これに関し、二世、三世経営者にとって、中国の有名な古典で帝王学の原点を説いた『貞観《じょうがん》政要《せいよう》』は必読の書である。プレジデント社の「貞観政要のリーダー学」をお読みなることをお薦めする。もちろん、人間力は大企業幹部にも必要であり、大変参考になる内容となっている。

(1)『貞観政要《じょうがんせいよう》』はリーダー必読の書

古代中国において、また、日本においては主に江戸時代から「創業」もしくは「創生」と「守成」と、いずれが難しいかについて、いろいろ議論されてきた。「創業」「創生」の難しさは誰でも理解しやすいが、「守成」の難しさは、内容が複雑なだけにそう簡単ではない。この点については多くの人にいろいろ議論されるということは、「守成」も極めて難しいということであろう。

中国の唐の初代皇帝は「高祖」であるが、それを大帝国にしたといわれている二代目帝王で支那史上最高の名君と称えられた「太宗」の時代の臣下であった呉兢（当代一流の歴史家）が書き記した有名な『貞観政要』という古典がある。「貞観」は、西暦六〇〇年代前半の「太宗」の治世時代の元号で、「政要」は政治の要諦という意味である。これは「太宗」の伝記などを含む全十巻四十編からなるが、その中心となっているのは「太宗」とその部下との問答である。『貞観政要』は、孔子の教えのエッセンスを集約したいわゆる儒教の実践編といわれている。孔子の教えをよく守り、それを現実の行動の基盤とした具体例が、まるで百科事典のごとく満載された内容となっている。

即ち、「皇帝、帝王とはどうあるべきか」、あるいは「政治とはどうあるべきか」が極めて具体例をもって記されている。そのメインテーマは「守成」即ち、いかにして国を守り保っていくかであって、皇帝や国王、あるいは社会の最上層向けに書かれた一種の帝王学の本で、一般大衆にはあまり関係がない。その中で「太宗」が群臣に「帝王の業、草創と守文と孰れか難き」と、つまり帝王の事業として戦って天下を取ることと、その天下を治めることと、いずれが難しいかと聞いている訳である。

一人の部下（房玄齢《ぼうげんれい》）は「創業のほうが大事だ」というし、もう一人の部下（魏徴《ぎちょう》）は「守成のほうが大事だ」と答えている。それぞれ国盗り戦争に自ら加わった者と、そうではない者との当然の考え方の違いといえる。そこで「太宗」は、「もう天下を取り、創業困難な時代を過ぎたのだから、これからは守成のほうに重きを置こう」と言ったと伝えられている。太宗は「国を治むると病を養うとは異なること無きなり」即ち、国を治めるのと病気を治すのとは同じことだと。また、「天下の安危之を朕に繋く」即ち、天下が太平であるか、危険な状態にあるかは自分自身にかかっていると。

たとえば、これ以外にも天下を守る難しさの話はこの本に多数出ている。魏徴は「広大な宮殿を造ることは危険であり、低い粗末な宮殿が安全である」と、上に立つ者の贅沢により民心が離れることの危険性を指摘している。さらに魏徴は『詩経』にある「戦配賦撃して深淵に臨むが如く、薄氷を履むが如し」という気持ちをいつも持っていないと国を治めることはできないとも言っている。

(2) 天皇も将軍も『貞観政要』で「守成」を学んだ

この『貞観政要』は、発刊とほとんど同時期に当たる桓武天皇の頃、即ち平安時代に日本に入ってきたようだ。歴代の天皇がこの本を学んでいたことは確かで、特に一条天皇は熱心であったといわれている。その証拠に中国と同様に清和天皇が即位した時「貞観」という年号を選んでいる。歴代日本の天皇家の生活は質素であり、行動は控えめで全ての面で抑制的であったのも、この本の影響の一つではないかといわれている。特に熱心な読者として鎌倉時代の北条政子が有名であり、自分で読めないため公家の菅原為長《すがわらためなが》に和訳させ精読したという。さらには足利氏もこれを学び、実践していたといわれている。特に広く読まれだしたのは徳川時代で、徳川家康が藤原惺窩《ふじわらせいか》を侍講《じこう》（君主に学問を講ずる役職）としてこれを精読していたのは有名な話である。

以来、徳川家はこの本を座右の書として学び続けた。また、上杉鷹山も愛読者であったし、紀州徳川家はこの本の出版までしている。紀州出身の第八代将軍吉宗が、大奥の結婚に問題のない五十名近い美人ばかりの女性を解放したのは、この本で述べられている太宗の「人民の財力を使い果たすものだから、そんな必要はない」と、後宮にいた三千人の女官を解放した例に倣ったものだと伝えられているほどだ。要するに、吉宗も『貞観政要』を読んでいたに間違いない。質素倹約のため、家康同様冬には足袋も履かなかったために、足に皹《ひび》を切らし血を滲ませて平気であった。この本を読まなかったと思われる織田信長や豊臣秀吉が早くつぶれ、徳川家が二百六十年ほど続いたのも、この本からいろいろ、特に「守成」について学んだためではないかといわれている。

以上述べたことは、「守成」ということがいかに大切であるかを示している。「守成」とは、決して現状良しとする後ろ向きのものではない。

経営者、特に中小企業のオーナー二世や三世に、必読の書としてこの本、またはその解説書の精読をお奨めしたい。評論家の渡部昇一氏や元関西大学名誉教授の故谷沢永一氏から優れた解説書が出ている。

(3)「守成」とは現状維持ではない

「守成」とは、従来のやり方をただ単に踏襲するだけでは、目的を果たすことはできない。世の中の動きを常によくウォッチし、その変化や動きに対し適宜手を打ってこそ、崩壊せずに組織を守っていけるのである。

そのためには、組織全体で対応できる大企業とは異なり、中小企業の場合は、トップ自らが、あらゆる手段を講じて「正確な情報のキャッチ」に努めなければならない。世の中の政治や経済の動き、顧客の要望、競争相手の動きを素早くつかむ必要がある。そして、それに対し、どう対応していくかが重要である。メーカーであれば、コストダウンや品質向上のため、常に製造方法や加工方法、あるいは、部品やそれらの品質の改善に気を配る必要がある。

販売代理店であれば、メーカーの代理店政策や方針がどう変わろうとしているのか、さらに顧客の動きはどうなのか、常にウォッチしておく必要がある。その具体的実例を示そう。

あるメーカーの代理店の経営者は、そのメーカーの幹部と常に密接にコンタクトしていたが、ある時、そのメーカーが代理店販売による間接販売から直接販売へ近々方針転換するとの内密の情報をキャッチした。代理店の経営者は、これは大変な事態になるとの思いから、直ちにある適当な土地を確保し、メーカーに土地を利用して製品在庫及び加工工場として共同利用することを提案した。その結果、それが受け入れられ、他の代理店の全てが廃業に追い込まれたにもかかわらず、この代理店だけは生き残ったのである。要するに、情報の早期キャッチと適切なる対応が企業の明暗を分けたのである。

八、部下の仕事上の失敗にどう対処するべきか

最近の某経済誌の調査では、上司が職場で部下を厳しく叱ることは必要だと感じている人が七〇％以上いるのにも拘らず、最近上司が部下を叱るケースが非常に減ってきているといわれている。その原因はいろいろ考えられるが、主なものとしては、厳しく叱ると部下や後輩がついてこなくなるとか、パワハラ、セクハラとかの法制度が厳格化したためとか、上司の叱る経験や能力が低下したから等がいわれているが、叱るべき時には厳しく叱るのが上司の義務である。

部下が仕事上で失敗した時、上司はそれに如何に対応するかもリーダーの心構えとして極めて重要な要素の一つである。部下を殺してしまっては元も子もないし、あまり甘やかすのも得策ではない。原則としては、部下が私利私欲のためではなく、独断専行でもなく企業や組織のためを思い行った行為であれば、結果が悪くても許すべきであろう。

ただし、部下を叱責する時に気をつけるべきことは、仕事のやり口の拙さを論理明快に責めても、決して本人の人格を攻撃してはならぬということである。人間というものは、自分の仕事上の非を論理的に批判されれば納得できるが、人格にからめて批判を受けると絶対に感情的

に素直に受け入れないものなのである。要するに「罪を憎んで人を憎まず」の精神が必要ということである。

叱られた方もその辺の雰囲気は十分察知し、上司への恨みは残らぬものである。さもなくば、本人は精神的に深く落ち込んでしまうケースがよくあるものだ。勿論、これも上司の人柄や人間性とも深く係わっている。

上司が部下を叱る時は、ただ闇雲に叱るのではなく、自分ならこういう手を適宜打ったという具体的な数ケースをあげ、自分なら取ったであろうアクションの数々を示すことが必要だ。それは「お前さんだって多分できなかったくせに、部下にだけ文句をいうな」という部下の逃げの口実を封ずると同時に、将来の教訓とするためである。

部下を叱る時は人前ではなくこっそり部屋に呼んでやれという人もいるが、それも事柄の内容によるのであり、プライベートなことはそれでも良いが、こと仕事上のミスは皆の前で叱るべき時は叱るべきだと思う。それは個人の仕事上のミスや失敗を、組織の全員の共有財産として将来に備えることが重要であるからだ。一人のミスを一人で終わらせてしまえば、また同じミスを他人もやる可能性が残るからである。

昔から優れた上司は「鬼のAさん」とか、「仏のBさん」等といわれる人が多いが、その両者の叱り方は異なる。鬼タイプは、ビジョンや方針をはっきり示し、知識、経験が豊富で達成意欲が強く、行動が意欲的で強いリーダーシップの持ち主であるため、叱り方が明快で厳しい傾向にある。ただし、平素から部下を十分理解していない面があり、部下の共感を得にくい場合がある。

一方、仏タイプは、コミュニケーション能力が優れ、部下が納得しうる判断や指示を示し、部下の状況をよく把握しているが、叱り方はやや甘く、そしてビジョンや方針に明確さを欠く傾向がある。ただし、某経済誌の調査によれば、部下は自分の成長のためにより役立つのは鬼タイプよりは仏タイプを歓迎しているようだ。自分はいずれのタイプなのかよく自覚して、部下が失敗した時に、上司として如何に対処するのが、部下のために一番効果的なのかをよく自覚しておく必要がある。

九、君子は臣下と才を競《きそ》わず――リーダーは部下の才を利用せよ

昔の中国に「君子は臣下と才を競《きそ》わず」という有名な格言がある。その意味は説明するまでもないが、上司は己の部下と才能や才覚での競争をしてはならぬということである。

多くの部下の中にも自分より優れた才能の持ち主はよくいるものだ。その才能に嫉妬したり、自分の地位を脅かされることを恐れたりして他部門へ飛ばしたり、意図的に才能の芽を摘む動きをする上司も世の中には結構多い。リーダーたる者は、部下の才能を恐れるのではな

く、むしろ素直に認め、それをうまく利用するほどの度量がなければならない。

あの豊臣秀吉ですら、弱肉強食の戦国時代という特別の時代背景があったためもあり、己の指南役であった黒田官兵衛の並外れた才能を恐れ、最後には九州に追いやったし、黒田官兵衛自身も自らの身の保全のため若くして出家した。

また、織田信長の次女の冬姫の婿であった蒲生氏郷の場合は、彼が織田家の直系であることと、彼の卓越した才能、才覚を恐れられ、豊臣秀吉により中央政界に近い京都近くの藩である近江の日野城から追い出され、伊勢松阪や会津へ飛ばされたのも有名な話である。弱肉強食の戦国時代なら、時と場合によってはこのような敬遠人事も必要な時もあろうが、現在のような民主主義の時代で組織とチーム力で闘う時代には、かかる度量の小さい心配は不必要であろう。部下の才能を恐れるのは、それだけ自分の器が小さいのであり、リーダーの資格はないと心得るべきであろう。

十、今後のリーダーには外国語の素養が必須

最近のように国際化やグローバリゼーションが急速に進み、企業の海外進出が当たり前になり、海外とのつながりが密接になると、トップやリーダーの外国語の必要性はますます高まっ

てくるのは必定である。今やリーダーが外国語の一つや二つ操れるのは当たり前の時代になりつつある。極めて重要な会議ならいざ知らず、日常会話ぐらいなら通訳抜きでやれるようにならなければ、今後のリーダーの資格はないと心得るべきである。

今や日本の企業であるにも拘らず、社内の会議は全て英語という企業まで現れ始めた時代なのだ。今後、海外に出た企業のトップに現地人を据える例も急増することになると、外国語による電話等での直接コミュニケーションが当たり前ということになるものと思われる。リーダーなら外国語を特別のものとは考えず、極めて当たり前のものととらえる心構えが今後必要となるであろう。はっきりいえば、一つぐらいの外国語もロクにできぬような人間は、リーダーになる資格がないということでもある。

外国語を学ぶということは、言葉のみならず同時に相手国の歴史や文学、あるいは、政治制度や社会制度あるいは、民族気質をも学ぶことになる。たとえば、欧米人との会話や文学の中にバイブルとかシェークスピア等の有名作家の文言や警句の引用が非常に多いのが特徴である。これらについて素養がないと話が続かないし、十分理解できないのは当然のことである。

同時に、外国人との直接対話により、自国（日本）の歴史や文学や社会をよく理解していないと、まともな会話ができず相手から軽蔑されることになる。

第七章で日本文化の特徴や歴史、あるいは、隣国との比較を長々と述べるのは、このことを踏まえた上でのことなのである。

いずれにせよ、文科系であろうが理工科系であろうと、リーダーを目指す人は外国語の一つや二つの心得があるのは常識と弁《わきま》え、その習得に若い頃から努力すべきであろう。それがひいては自分の教養を広め、リーダーとしての魅力も身につくことにもつながるのである。

著者自身の経験から見ても、外国のトップリーダーの話題の範囲は極めて広く、日本人のように仕事とゴルフしか話題がないのとは、かなり内容が違っている。通訳抜きの外国人との直接対話により、お互いの人柄もよく分かり、親密度は深まり仕事もスムーズに行くようになる。それと同時に自分の教養の貧しさに改めて気付くことにもなるであろう。外国人と深く付き合えば分かることだが、彼らにも日本人同様の義理もあれば人情もあるということである。

十一、江戸末期～明治維新の偉大な志士から学ぶリーダー学

現在の日本の各界の、特に政治の世界のリーダー達の不甲斐なさを見るにつけ、江戸末期から明治維新、また、その後の日清、日露戦争にかけて大活躍した志士や政治家、軍人達の偉大さを改めて感ぜざるを得ない。彼らの偉大さは一体何であったのか、それは一口でいえば、「私」を捨て、国家のため日本国を救うため身を捧げる、即ち「公」の精神に満ち溢れていたことだといえる。それは最近のＮＨＫ大河ドラマ「龍馬伝」を見てもよく分かる。

そこで、明治維新の志士達からリーダーの在り方を分り易く説明するために、かの有名な司馬遼太郎氏の『坂の上の雲』を例にとって考察してみたい。

『坂の上の雲』は日本が近代国家に生まれ変わり、日清、日露の戦争に勝利し、国運の上昇を象徴する物語として大変な人気を博した。

その人気の秘密は、太平洋戦争で壊滅的打撃を受けた日本経済が、その後急速な経済成長期に入り、明治時代の国運の隆盛期に重なり合わせ、日本国民には大いに共鳴するものがあったためと思われる。この中の三人の主役人物である正岡子規、秋山好古、秋山真之の文学界や陸軍と海軍に於ける大活躍は、各方面での新国家形成の成功を裏付けるものとなり、国民に大いなる自信を与えたといえる。しかし、この主役三人の活躍は、明治維新の頃のシンボル的なものであり、彼ら以外にも多くの維新の志士や傑物たちがいろんな分野で同じ様な活躍をし、日本国の礎を築いたのも事実である。

そのため、この小説に描かれた非凡な三人のみに限定して明治維新という時代や、彼らの活躍から得られる教訓のみを見るよりは、当時の数多くの傑物たちの優れた行動規範を通観したほうが、そこに共通する優れた面がより鮮明になるであろう。

「日本人とは何か」、「日本という国は一体如何なる国なのか」を永遠のメインテーマとして追い続けてきたといわれる司馬遼太郎氏の、いわゆる司馬史観に基づく同時代の多くの物語を通じて、明治維新の時代性と雰囲気を理解すると共に、当時の「日本人」と「日本」を見るほうがより正確に理解できると思われる。

(1) 人材が輩出した時代

歴史家によれば、幕府が倒れ明治維新政府が樹立されたのは、世界史的に見て極めて異例の革命であった。

それは支配階級であった武士階級が同じ武士階級を倒したためである。海外に於ける革命は殆んど全てが、その時々の被支配階級が支配階級を暴力革命で倒しており、同じ階級同士の闘いはない。結局、外国の革命は階級間の利害闘争であり、私利私欲に基づく争いであった。ところが、明治維新は日本という国の将来の命運を憂え、公の精神に満ちた下級武士たちが起こしたもので、動機は極めて高邁、高尚であったといえる。これは江戸時代の長い武士道教育の賜物とみる人が多い。

これに関連し、司馬氏は「江戸中期から明治時代というのは世界史の中でも珍しい精神がぎっしり詰まった時代であった。江戸期というのはいわば教養時代で、酒でいえば蒸留されて度数の高い蒸留酒になったのが明治の心というべきものだ」と。

文明の一変という点に於いては、フランス革命やロシア革命以上といわれているが、何故、かかる革命が可能であったのか。ペリー来航や英、仏、露などの外部圧力による植民地化の恐怖も大きな要因の一つであったが、その中でも一番影響を与えたのは、幕末の中国に於けるイギリスのアヘン戦争が示した西欧諸国により植民地化された時の惨状であったといわれている。同時に内部的にも封建制の制度疲労が進み、幕府の力が弱まり、革命の機が熟していたのも事実であろう。しかし、この革命を成し遂げんとした志の高い多くの有能な人材なくしてはそれも不可能であったこともまた事実である。特に、薩摩、長州、佐賀、土佐の各藩から輩出した優れた人材のお陰であったといわれる。

司馬氏は、幕末から明治維新に於ける突出した人物を数多く描き、その各個人の役割の大きさを異常なほどに高く評価しているといわれている。司馬氏の著書から読み取れる特徴は、たとえば日清、日露戦争の大勝利について明治政府や明治天皇の偉大さや賢明さには一切言及せず、維新前の勝海舟、坂本龍馬、吉田松陰、維新後の大久保利通、西郷隆盛、東郷平八郎、大山巌、児玉源太郎、秋山好古、真之兄弟、渋沢栄一、福沢諭吉、正岡子規などの個人と日本国民の果たした素晴らしい役割を高く評価している点である。歴史をより分りやすく、身近でおもしろいものにするための一つの小説手法であったかも知れないが、組織よりは組織に於ける個人の資質とキャラクターの役割の重要性を特に強調しているといえる。これについては、これはいささかバランスを欠いていると厳しく批判する人もいる。また、大活躍した山県有朋や伊藤博文があまり評価されていない点に疑問を持つ人もいる。

(2) 傍系、非主流派

司馬氏は大阪外大出身であるため、若い頃から目を海外に向けていたインターナショナリストであったともいわれている。

その証拠の一つとして、彼の有名な著書である『この国のかたち』が何故「我が国のかたち」とならなかったのかをあげている有名評論家もいる。「我が国」ならナショナリストであり「この国」ならインターナショナリストの発想といわざるを得ないと。インテリ特有の照れや他者的視点を強調するためでなかろうかという人もいるが、昭和に入ってから本人自身の中国でのハリボテの戦車隊員としての惨めな戦争経験や、中国や日本で見たお粗末な日本の軍隊組織の真の姿などから深く絶望し、そのため、より以上にグローバルでインターナショナルな目で日本の歴史の推移を冷静に見ておられたことは間違いない。そのためもあってか、一層明治維新の志士たちの共通した偉大さ、即ち、自分の利益や私欲よりも、国家や国民の利益を優先し思考した点に、焦点を当てられるようになったのではないかと思われる。

また、幕末や維新当時の海外視察組や海外留学者達の視点が極めて的確で、世界に於ける日本の現状と問題点をグローバルな視点で冷静に把握していたお陰で、日本国の進む道を誤らなかった点も高く評価しておられたようだ。明治維新で活躍した人物の多くは外様藩出身者が多いのも、外様であったが故に、冷静な目を持っていたといえる。

ある経営学者の話として、格段の業績をあげた経営者たちの共通点の一つとして、それぞれの企業での傍系、または非主流派からの出身者であるということだという。それは長年、主流派の渦に巻き込まれず、非主流派として冷や飯を喰わされ、極めて冷静かつ冷酷に、第三者的、他社的社員の目でそれぞれの企業の良い点、悪い点及び問題点を熟知していたからであり、非主流派出身であるが故に、躊躇せず前任者を否定し改革、改善を進められたためでもあると。

(3) 学ぶべき九ヵ条

司馬氏が描いた維新の志士達やその時代のいろいろなリーダー達の行動から現在の経営や組織運営に学ぶべき点としてはー。

(一) 豊臣秀吉の黒田官兵衛、上杉景勝の直江兼続、東郷平八郎の秋山真之の如く、トップにも直言、諫言、あるいは的確なる社内外情報を提供してくれる優れた影の参謀やスタッフが絶対必要である。真に優れたスタッフのいないイエスマン集団は必ず失敗する。

(二)革命早々の日本国家の運営者たちには政商の利益代表者はいなかった。国家のリーダーたる者、私利私欲を離れ国家国民のために尽くすことを最優先すべきである。企業でいえば一企業の利益のみを追わず、国家社会にも貢献することを忘れてはならない。隅田川に浮かべた屋形船での岩崎弥太郎と渋沢栄一の公益、私益に関する二人の激論は有名な話であるが、私利のみを追った岩崎弥太郎になるな、常に公を最優先した渋沢栄一になれということである。秋山好古も実に無欲な人で、給料などほとんど部下に与えていたようだ。

（三）常に広い視野を持ち、グローバルな視点で思考すること。大久保利通や岩倉具視との比較に於いて、もし、西郷隆盛が一度でも欧米先進国を見ておれば、征韓論や西南戦争など起こしていなかったであろうといわれている。秋山好古もフランスに、秋山真之は米国・ワシントンの海軍大学に留学し、大いに見識を広めた。

（四）人間の才能にはつくる才能と処理する才能との二つがあり、人材はそれぞれ使い分ける必要がある。大久保利通はつくる能力に優れ、西郷隆盛は〝壊し〟と〝処理する〟才能に優れており、その処理の原理に哲学と人格を用いたといわれでいる。

（五）公のためなら、いつでも私情を捨て冷酷になれる人材を重用することが大切である。大久保は明治維新新政府の基盤の早期確立という大義のため、子供時代からの最高の朋友であり、明治維新新樹立の最大の立役者であった西郷すらも泣いて馬謖を切ったのである。

（六）道徳や人格に問題のある人間はたとえ有能であっても、絶対要職につけてはならない。小人は小職に、大人は大職に、である。また才智と胆力を同時に備えた人物を重用すること（東郷平八郎、秋山真之、大山巌、小村寿太郎など）。

（七）大局観に優れた人材を重用すること。日露戦争の勝利のため明治政府は、西欧諸国に各国の事情に通じた人材を当て、事前にあらゆる手だてを打っていた。征韓論には殆ど全員が基本的に賛成していたが、国内建設が先だとする人たちが結局、順序論で西郷を葬り去ったのは正解であった。

（八）運も実力の内ともいうが、運の強い人物をトップに据えること。かかる強運の人材は、何か隠れた才能を持っている。東郷は運が強いとの理由で明治天皇により連合艦隊司令長官に任命された。

（九）組織の能力をフル活用するため、主流派ばかりを重用せぬこと（譜代ばかり重用せず、有能なら外様も重用すべし。五稜郭で官軍と闘った榎本武揚の重用の如く）。

以上の諸点以外にもいろいろあるが、右に述べたことはいずれの時代にも共通していえる人間社会や組織運営の要点といえる。

それに反し、大正末期から昭和にかけて日本は不幸な時代に突入した。それはリーダー層の人材に恵まれなかったためである。それについては、大正、昭和の愚劣な軍人や官僚に責任があるとみて司馬氏は、幕末から明治維新にかけて素晴らしい人材が輩出したが、大正から昭和にかけては描きたくなるようなロクな人材がおらず、結局バカな太平洋戦争に突入することになったと嘆いておられる。日本の歴史の中で昭和初期の権力参加者や国民ほど愚劣なものはなかったと。それは、日露戦争に勝利しバカ浮かれしたためであるとみておられる。その原因は何にあったのかも氏の重要な関心のテーマであったが、学歴や学閥尊重の成績席次順の秀才主義が軍人官僚に蔓延し、小粒な人物ばかりとなり経論家がいなかったためであり、それに反して明治時代の活躍組（特に軍人）は、皆、実戦派のノンキャリア組で経論家が多かったとみておられる。武士道精神の賜物であろうか。

現在の政財界やその他を見ても、まだこの大正、昭和の流れをくんだ小粒な人物ばかりになっており、我が国の将来を危惧せざるを得ない。

十二、リーダーの行動基準は「心情倫理」ではなく「責任倫理」におけ

数年前、福田康夫氏が首相辞任の際に、野党の党首が話し合いに応じてくれなかったことを、その理由のひとつに挙げていたが論外というものだ。最近いろいろな分野において、特に政治の分野で自分の行動基準を「責任倫理」ではなく、「心情倫理」におく人が多過ぎるように思われる。

ドイツの社会学者、経済学者であるマックスウエーバー（一八六四〜一九二〇）が『職業としての政治』の中で、「愚かで卑俗なのは世間であって、私ではなく他人にある」というのは典型的な心情倫理家のモットーであると述べている。彼はこのような未熟な考え方の持ち主を政治家と認めず、自分がどのような心情である行動を取ったかではなく、それによって生じる結果の責任を痛感する人間、即ち「責任倫理」によって行動する成熟人間のみが政治家になる資格があると断定している。

前項で述べたように、最近の日本やアメリカにおける政治家の二世、三世の見るに堪えないひ弱さや無能さは何に起因するのであろうか。それは、父親譲りの秘書や後援者に囲まれ、庇護され育ったため、我々一般人が経験するような本当の意味での困難や苦労に直面することがなく、また、万一、何か間違ったことをしてもそれを率直に諫言してくれる人もなく、そのためまともな人格と人間形成も期待しにくいからだろう。そういう意味で、自分にクレームをつける他人に対する免疫性が乏しく、文句をつける奴は全て敵と見做し、ねばりがなく、すぐ切れてしまう傾向にある。

政治とは昔から権力闘争そのものであり、それに耐え得る力、即ち耐力や胆力が彼らには欠けているのである。この点は、単に政治家だけにいえることではなく、あらゆる分野のリーダーにもいえることで、このことを十分心得ておく必要がある。

経済界に於いても最近は、何事に於いても自己責任の感覚が薄れ、全ての問題点を他人や社会や国家のせいにする人が実に多い。著者の企業経営の経験で見ても、業績不振企業や不振事業部の共通現象は、不振の原因を円高だ、不景気だと全て外部に求め、自らが本来やるべきことを全然やらずして、全て事なかれ主義でやってはならぬことを数多くやっているにも拘らず自省心や反省心が全く欠けていることである。全ては結果責任であり、自己責任であるとの感覚が欠落しているのである。

十三、最近の日本の政界リーダーの国家保全意識の欠落

最近の日本の政治家や官僚の国家保全意識の欠落には呆れるばかりだ。こんなことで本当に我が国を守れるのかとひどく心配になる。

公明党は永住外国人への地方参政権付与に関する法案を近々国会に提出し、また、民主党は近い将来通常国会へ提出する様だ。この件は、従来から公明党も民主党も極めて熱心であったが、民主党は結党時の「基本政策」に「定住外国人の地方参政権などを早期に実現する」と掲げ、党内に「永住外国人地方選挙権検討委員会」を設置している。しかし、二〇〇九年の初め、韓国政府は初めて在外韓国人に対し母国での参政権を認め、二〇一二年の大統領選挙から適用される。

この予想外の事態に、在日外国人の参政権を主張してきた日本の政党関係者は、一時、理論的根拠を失い大弱りしていたようだ。にも拘らず、再びこの問題を取り上げようとしている。表向きの根拠とは別に選挙での人気取りのため国益を無視し、党利党略を優先してはいないのか。参政権を「国民固有の権利」とした憲法に違反するとの説もある。

一方、二〇〇八年十二月に自民党と民主党の賛成多数で可決された「改正国籍法」はひどい

もので、結婚の有無にかかわらず日本国籍の母親か父親が認知すれば、ＤＮＡ鑑定抜きで日本国籍の取得が認められる様になった。既にこれを悪用した事件が発生しており、将来類似の犯罪的行為が多発する可能性がある。

参政権も同じ地域に住んで、同じ様に税金を払っているのだから地方の参政権ぐらいは与えても良いのではないかと、要するにかわいそうだといった甘い感情がベースとなっているようだ。しかし、地方自治体が多くの外国人参政権により何等かの、たとえば米軍基地問題等で決議をした場合、中央政府がそれを無視し続けることが可能であろうか。

もし、今回計画されている「二〇〇〇万人移民受入れ計画」に基づき多数の移民を受け入れるとなると、中国や北朝鮮といった大陸アジアの国から大量の移民や難民が来ることが予想され、その結果必ず参政権問題が重大な意味を持つことになる。もし隣国が特別の意図を持って多くの移民を送り込んで、参政権を悪用すれば、とんでもない事態が発生する可能性がある。参政権が欲しければ帰化すればよいのだ。

たとえば、中国人が大挙して沖縄へ移住したとしたら、県知事や那覇市長は中国系の人が選ばれる可能性もでてくる。同様に竹島に近い対馬や隠岐の島に大勢の朝鮮人が移住してきた場合も同じ危険性がある。オランダでは外国人に参政権を与えた結果、既にオランダに帰化した人と移民とを合せると、人口の二〇％近くの外国人が参政権を持ち、異文化対立が激化し社会が分断状態になっている。

評論家の石平《せきへい》氏は、祖国中国に愛想を尽かし、日本人に帰化することを決意し、二〇〇七年末に法務省にその手続に行ったところ、国籍法に定める帰化要件を満足していたにしても、或は、石平氏が著名人であったせいかも知れないが、面接での質問はただ単に次の三つで、それをクリアするとあっさりと帰化が認められ、大変驚くと共に日本政府の対応に大いなる疑問を持ったと。（一）在日年数（二）、安定した収入の有無、（三）犯罪歴などの前科の有無。

「どうして日本人になりたいのか」「日本の皇室や伝統文化をどう思うか」くらいの質問があって然るべきであり、更に日本国民になったら戦争になった場合日本を守るため闘う決意を誓わせるくらいは当然のことにも拘らず、この種に関しては何の質問もなかったと。

日本という国に何の愛情も敬意も持たず、一切の義務を負うこともなくても日本人になれることに大変驚くと共に憤激を覚えたという。政治家や官僚を含めて、あらゆる面で最近の日本人は、国家の尊厳と国益は断固として守るという「国家意識」の欠落ぶりは呆れるばかりだと批判しておられるが、全く同感だ。いずれの国も国籍と参政権の付与は、その国への忠誠を誓うことが条件となっている。要は「非常時の場合に、国のために戦う決意があるか」ということである。かかる重要なことも十分にチェックしようともせず安易に国籍を与えたり参政権を認めるのは、全く我が国の国家安全に関する基本認識がなっていないといわざるを得ない。

アメリカのある州では、外国籍の人には税金を多く課している例もある。いわばゴルフ場の「ビジター」扱いなのだ。インフラ整備と治安維持のため、これまで多くのお金と汗を費やしてきた先に移住してきた人達と、それが出来上がった後にやってきた外国人を同じ様に扱うのは不公平であり、ビジターはメンバー以上の金を払うのが当然だという考え方なのだ。

この様にもともと外国人は区別されるべき存在なのだ。厳しい隣国に近接する我が国のリーダー達や国民の国家保全の気概の欠落と、国家リスクに対する甘さには全く度し難いものがある。

いずれの分野であれ、リーダーたる者は、先に述べたような自分のこと以外の分野、特に自分の国家や民族、或いは、社会についても常に関心を持たなければ、視野が狭くなり適切な判断能力を失うことになることを常に留意しておく必要がある。

第五章　リーダーの部下への教育と接し方

一、社員の「心の赤字」を克服せよ

(1) 江戸時代の教訓「心の赤字」

著者も約十年前、長年の赤字続きで九回のリストラを繰り返し、社員の数も一万二千名から三千名まで激減し、社員は全くやる気を失い将来に対する夢も希望もなく、社内には活気がなく真に実質倒産しているような企業の再建に当たったたが、社員は「心の赤字」の塊のような状況下にあった。

現在の日本同様に昔の江戸時代にも財政破綻した、あるいはそれに近い状況に追い込まれた藩は多数あった。その原因は尽きるところ、皆共通している。領民が領主や藩主や藩の幹部に対して強い不信感を持ったためである。昔の財政破綻した藩の内部は、領民の心が荒れ果て、これ等を昔「心の赤字」と呼んだ賢人がいる。社会や組織全体の和の精神とか協調精神とか、あるいは、助け合いの精神や、やる気といったものを失い、各人が勝手に自分のことのみを考え、投げやり的に行動していたのである。

財政破綻した藩の改革者（上杉鷹山、恩田木工、二宮尊徳）等に共通している処方箋は、先ず最初は藩内に充満する多くの人間の心に巣喰う「心の赤字」を払拭して克服し、お互いの信頼感を、特に藩の上層幹部に対する一般領民の信頼感を取り戻すことに全力を傾注している。

(2) 恩田木工《おんだもく》の藩政改革

参考までに、江戸時代中期の藩の財政再建に活躍し、功績をあげた信州松代藩の藩主真田幸弘に仕えたかの有名な家老「恩田木工」の話が「日暮硯《ひぐらしすずり》」という本に紹介されている。恩田が改革を進めるに当り、障害となる三つの壁に対し、果敢に挑戦したと伝えられている。その壁とは、

①ものの壁(物理的な壁)
②しくみの壁(制度的な壁)
③こころの壁(意識的な壁)

であるが、最も難儀な壁は「こころの壁」であったとみていた。「こころの壁」を崩せば「ものの壁」や「しくみの壁」などすぐ壊せると考えた。最初は改革を行うため、先ずは武士、町人、農民の精神面からの基盤作りから始めた。改革というのは、

①現状に於けるマイナス面をえぐり出す
②このマイナス面を補填する
③土台から強固になったところで新しい政策を上にのせる
④新しい政策の発展、拡充を図る

というプロセスを踏む必要がある。

現在の企業にあっては、「まず減量経営即ち、大いなるムダ排除と大いなる検約」から始まり、社会情勢の変化や、どんどん変る客先ユーザーのニーズに対応するため、「伸びる部門の拡大生産や新規事業興し」も必要となってくる。「減量経営」とはかかる変化に対応するための必要な資金づくりが本来の目的であって、ただ単なる「赤字減らしのための減量経営」であってはならないのである。

恩田木工はこのように先ず底辺から入りマイナス面を十分調べ、底辺づくりから始め、徐々に藩士や農民、あるいは町民の信頼を得るようになり、この基礎固めが終ってから本格的に前向きの新しい政策を次々と打ち出し、藩政改革に成功したといわれている。彼が常に心掛けていたことは「虚言申すまじき候」即ち、絶対ウソはつかぬ、約束したことは必ず実行するという姿勢であった。これが領主と領民との信頼感回復のベースとなった。

(3)　恩田木工の「日暮硯」

因みに「日暮硯」という本は、江戸中期の真田家の家老であった「恩田木工」の日頃の言動や事績を、城主真田幸弘の側近の馬場正方によって一七六一年頃書き記したものといわれている。

この本の名称は、鎌倉時代の吉田兼好（兼好法師）による随筆「徒然草」の「つれづれなるままにひぐらし（一日中）硯にむかいひて、心にうつりいくよしなしごとを（心に浮かぶつまらぬことを）そこはかとなく書きつくれば……」の文中に「日ぐらし硯」という言葉が出ているが、それからとったものといわれている。「誠実と信用」をモットーに、「愛民」の精神で、彼が藩政改革に託した目的は、あくまでも、「人々の信頼回復によって藩の財政難を回復する」ということだった。つまり、木工の改革の目的は、「財政上の赤字を克服するだけでは、本当の改革とは言えない。ここに住む人々の『心の赤字』を回復することが一番なのだ」ということである。「心の赤字を回復する」というのは、上下間の不信感でギスギスした領民の心を解きほぐし、互いに責め合っていた気風を改め、互いのいいところを認め合うということである。それが木工にいわせれば、「他人を責めるのは、自分の心が貧しいからだ。自分の心が貧しいということは、それだけ赤字を生じているということだ」それに引き替え、相手の長所を発見しようということは、「自分の心が豊かだから、相手のいいところも発見できる。それがすなわち心の黒字を示すものである」ということであった。

（4）社員に心の赤字を持たせるな

以上、長々と紹介したのは、今後日本の各社も間違いなく厳しい局面に立たされることになるが、その結果、社員がそれぞれ精神的にいろいろ大変な面もあろうかと思われる。それに負けて希望を失い、心が荒れ、心の赤字を持たぬようにトップリーダーは心がけることが重要だ。

得てして企業幹部の多くは、表面上の数字のみに目を奪われ、この社員の心の赤字の重要性に気づいていない。一旦、心の赤字化が進むと、それを克服するのに非常な時間を要するのは、過去の歴史が如実に物語っている。困難な時ほど、お互い社員同士、あるいは労使間での家族的な助け合いと信頼の精神が一番重要で、苦しい時は皆それぞれお互い様なのである。

組織、あるいは、全社一丸となってこの困難に立ち向かうためにいろいろなレベルでのお互いの信頼性を失わぬことだ。また、希望と自信も失ってはならない。そのためには、特に管理職や役員が率先して身を張って立ち向かうことだ。それなくば部下の信頼を失い、部下の心に再び赤字が溜まる様になり、これがやがては業績悪化につながり、これでまた部下の心の赤字が更に増大するといった悪循環に陥ることになる。

不景気など、程度の差はあれ過去何度もあった。しかし日本人は、皆これらを克服し乗り越えて来たのである。その理由は、国民が皆ヤル気を持ち、心を黒字化したためできたのである。優れた企業に共通しているのは、職場が清潔で、従業員が皆元気で明るいことであるといわれている。それは組織の幹部や行動や態度に大きく左右されることを忘れてはならない。

二、日本の組織人が行動する動機（モチベーション）

日本の組織人が行動する動機（モチベーション）には、知的なるものと情的なるものとの二つがある。これは別に日本人に限ったことではないかも知れない。

一つは、知的なるものによって行動を起こす人は、「何をするのか」あるいは、「何のためにそういうことをするのか」、「その効果は何か」といった理論的なもの、所謂、論理性を重要視するタイプで、つまり内容や目的や予想される効果によって、動いたり、動かなかったりするタイプの人間である。

一方、情的なものを重視する人たちは「誰がそれを言っているのか」「誰がそういうことをするのか」「誰のためにそんなことをするのか」といった〝人間〟に拘るタイプである。つまり、どんないいと思われることでも、命令、指示する者が気に食わなければ協力しない場合がある。情的なものによって動機付けする人間は不条理なことにでも信じ賛同する。たとえば、「人生意気に感ず」であったり、「阿吽の呼吸」であったり、「以心伝心」であったりするものである。

論理性を極めて重要視する西洋人から見れば、極めて分りづらい点かも知れぬが、情緒的であり、人間関係重視、チームワーク重視の村社会的な日本社会にあっては、これが意外な力を発揮する場合があるのである。

日本に於いて、よく社内根回しや社内営業が重要といわれるが、面子を重んじる日本人社会にあっては、事前に自分に相談があったか、なかったかが重要な賛成、反対の内的根拠となることがある。このあたりのことをよく心得ておかねば、組織をスムーズに動かすことができない場合があることを、よく認識しておく必要がある。合理的な部分と非合理的な部分が、混沌と交じり合っているのが人間なのである。この非合理的なものをうまくつかむことが、仕事で成功するためには重要なのである。

勿論、申すまでもなく、近代社会が理性をベースに構築されているため、ビジネス社会においては、基本的には合理的な思考ができることが重要である。ただし、人間を引きつけるためには、合理的部分を超えるところにある場合もあることをよく心得ておくべきであろう。

三、成功する物の見方と考え方について

仕事も含めてあらゆる人生の局面において、どう立ち向かっていけばうまく乗り切れるかというのは、いつの時代でも不変のテーマはであるが、一方、焦点が絞りにくいのも事実であ

る。人生においていろんな試練を乗り切っていくためには、かなり共通の部分が九割くらいであると考えられる。基本は、不撓不屈の精神であるといえる。多くの人が同じ事を述べ、今更物珍しいことでもなく、本著でも重なる部分もあると思うが、敢えて整理のため列挙してみる。

（1）プラス思考であること

・まず第一に、全てにおいて前向きであることが大切である。所謂、ポジティブシンキングが必要で、決してネガティブシンキングに陥ってはならない。

（2）ネバーギブアップの精神

・目標を掲げたら最後までやり抜く。どんなことがあっても最後までやる根性が必要。

・そのためには夢と希望を忘れないこと。

・Where there is a will, there is a way（意思のあるところに道あり）必ず勝つという信念と確信を持つこと。人間は夢と希望がなければ長生きしないという話がある。終戦直後に中国国境でソ連軍に捕まり、長くシベリア抑留生活をした人が大勢いるが、その中でどういう人が生き残り長生きして、どういう人が死んでしまったかということだが、夢と希望のある人は生き残り、そうでない人は一～二年ですぐに死んでしまったといわれている。その夢と希望というのは、日本で妻子が待っている人、親が待っている人等は生き抜いたという話しであった。いかに夢と希望が大事かという話である。

（3）ベストの戦略・戦術を自ら描ける能力を有すること

・創造力、情報収集力、状況判断能力とも絡むが、それぞれの局面で、自らが局面打開のため、的確にどう手を打っていけるのかのアイデアと構想力が大切である。

（4）不断の努力

・努力もせずに成績や業績が良くなるということはあり得ない。

・他人以上の努力を積み重ねることが必要である。そうすれば不思議なことに運も開けてくるのである。運、不運は全てが天の意思ではなく、一部は自分の意思の産物でもある。

（5）負けず嫌いであること

・基本的に負けず嫌いでなければダメである。

・土佐の闘鶏の話を聞いたことがある。闘鶏の養成の仕方というのは面白く、強い闘鶏を育てるためには、勝つことが当たり前になるように育てていくそうである。つまり、最初にケンカさせる時には、必ず勝てる相手を選ぶ。二回目も三回目もそうして二ランクも三ランクもレベルの低い相手を選ぶ。そうしていくと、その鶏は勝つのが当たり前と思うようになり、威風堂々としてきて対戦相手が最初から威圧されてしまうくらいの風格が出てくるらしい。ただ、もっと強い相手が出てきて負けた時には二度と立ち直れないくらい落ち込むそうだが…。

・部下の養成の一つの方法として、最初に新入社員に対しては勝つことの快感と、負けることの悔しさを徹底的に植えつけることである。仕事に於いて、どこまでも食らいつく人と、すぐに諦める人がいるが、見込みのある人物は、何度でもチャレンジし、決して諦めない人である。こういう人は必ず成功し成長する。そうすれば、成功するのが当たり前で、失敗するなどということは考えられなくなる。負けることの悔しさが身につくのである。負けず嫌いは、根底には他者に負けたくないと同時に、自分に負けたくない、至らぬ愚かな自分を許したくないという強い気持ちを持つことが必要である。

（6）タイミングを読むこと

・同じアクションを取るのでも、どの時点で行うのが最も効果的か、いわゆるＴＰＯを常に考えなければならない。

・結婚にも適齢期があるように物事には必ず潮時があるので、そこらを見誤らないようにしないと上手くいくのもいかなくなってしまう。

何事にもタイミングが重要ということである。

（7）楽観論者でなければならない

・悲観論者では物事は成功しない。常に希望を持って押しまくることが重要である。「悲観主義は気分に属し、楽観主義は意思に属する」とは、フランスのモラリスト、アランの言葉である。

（8）高い目標を持ち、使命感があること。

・目標は高めに設定しないとチャレンジのしがいがない。
・今は四位でも一位を目指すというのは大事なことである。
・自分がやらなければ他人に出来る訳はないという使命感も必要である。

（9）創造力と想像力の豊かさが必要

・創造力と想像力の豊かさがなければ、いろんな場面に適宜対応できない。

（10）本質的なものの考え方

・本質的にそれがどういう意味を持つのかということを、常に根底に据えて物事を判断する必要がある。

（11）フレキシビリティ

・物事に対する柔軟性を持ち、固定観念をなくすること。
・今まではこうだからこうするといった前例踏襲的な考え方では絶対に成功しない。

（12）存在感の確立

・自分の存在感を組織、社会、家庭において平素から確立しておかないと、いざという時に人を動かせない。
・存在感があれば、周囲の人たちから協力を得ることができる。

（13）他人に対する思いやりが必要

・部下、友人、家族といった周辺に対し、親切心と思いやりのない人は成功しない。

通常、以上のようなことが互いに絡み合っているものであり、それぞれが独立しているわけではない。相互に関連していることを認識しておく必要がある。

以上の諸点は、生まれながらにして持っている資質という部分もあり、どういう幼年時代を過ごしたかとか、家族構成はどうだとか、幼年期の要素がかなり影響してくる部分もあり、後天的に勝ち得るものとは言いがたいものもあるが、全て生まれながらの資質というわけでもない。これまでいろんな人を見てきたが、成功する人は大体何をやらしても成功するし、失敗する人は何をやらしても失敗する。成功する人が人一倍努力しているということは、間違いのないところである。勝ち運は自ら呼び込むものかも知れない。また、運命という字は命を運ぶという意味でもある。よくいわれるように、運はどこにでも誰にでも流れているのである。

更に、「朱に交われば赤くなる」といわれるが、成功グセのある人と、できるだけ付き合うことを心がけることも必要だ。成功者の集まりに身を置くことで、成功へのイメージが強まり、知らず知らず影響を受けるようになるものだ。成功者は、何事に於いても「やれない理由」より、「やれる理由」を探す名人なのだ。

四、海外ビジネスとコンプライアンス

今、あらゆる企業でコンプライアンスの重要性が認識され始めているが、今後一番悩ましいと思われるのは、海外ビジネスとコンプライアンスの関係である。先進ヨーロッパ諸国やアメリカを除き、その他の大部分の国では、ビジネスには賄賂がつきものであるといわれている。それによって社会が成り立ち、個人の生活も成り立っている国もある。

昔これ等の国でビジネスをやっていてアンダーテーブルマネーの要求がない場合、そのビジネスの受注の可能性がないことを意味していると、大手商社の人は述べていた。逆に要求の手が出てくると、チャンスありということになる。

こちらがいくら清廉潔白で臨んでも、相手側が一〇〇％ノンコンプライアンスである場合、その対応は極めて難しいといえる。

一方、アメリカ連邦議会は、一九七七年に外国公務員に対する賄賂を禁止するＦＣＰＡ「連邦海外腐敗行為防止法」を制定した。その後アメリカは、経済協力開発機構（ＯＥＣＤ）諸国に対しても圧力をかけ、アメリカ法制定の二〇年後の一九九八年に、ＯＥＣＤは「国際的賄賂禁止法（International Anti-Bribery Act of 1998)」を成立させ、それによって先進主要国企業その他による賄賂行為が禁止されるようになった。

アメリカに於いてもＯＥＣＤ禁止法に準拠してＦＣＰＡも改正され、アメリカに於いてはアメリカ人のみならず、外国人、外国企業もこの法の対象となった。その対象者は、外国公務員に賄賂を支払うことは勿論、第三者（仲介者やエージェント等）を通じて間接的に支払うことも禁止している。

また、国際入札に参加する場合は、各企業は入札書にアフィダヴィト（Affidavit）（宣誓供述書）を添付し、賄賂等不正行為は絶対行わないことを確約する慣わしになっている。また、英国に於いても、利害関係者同志でゴルフをしたり、食事したりすることも禁止する世界一厳しい法律が近々施行される模様で、ビジネス関係者は戦々恐々としているとメディアは伝えている。

このように、最近は不正行為に対し、世界的に厳しい目が向けられるようになっており、コンプライアンス遵守が絶対条件になりつつある。勿論、これにもいろいろ抜け道があり、膨大な弁護士費用を支払ったり、軍事援助の名目で支払ったりと、いろいろ悪知恵を働かせている国や企業もあるらしい。

しかし、合法的に対応するにはいくらやっても構わぬが、不正行為はいつかバレるものであり企業を潰しかねないだけに、くれぐれも注意する必要がある。合法的対処法については、現地事情に十分精通した人達の知恵を借りたり、現地の有力な人脈を平素から構築し、それを利用するなどいろいろ方法がない訳ではない。優等生的な答えかもしれぬが、要は不正な手段ではなく、正々堂々と受注できる優秀な製品を安価に提供できる競争力をつけることである。

トップやリーダーを目指す人は、目先の利に目がくらみ、くれぐれもコンプライアンスの問題でつまずかぬよう注意すべきである。

ついでながら、これはコンプライアンスに直接関係がないが、海外業務に携わる人が特に気をつけるべきことは、平和ボケし国防意識の薄い日本と違って、主要各国はインテリジェンス（スパイ）組織を持って、各国の秘密情報の収集に全力をあげている。それは単に軍事情報のみならず、政治情報や経済情報もカバーしている。

特にソ連、中国では十分注意する必要がある。先ず、仕事関係者は全ての電話やＦＡＸ、一部のメールは盗聴、検閲されていると考えた方が良い。従って、日本との連絡には全て暗号で連絡すべきであるが、同じ暗号を数回使うと見破られる可能性が強い。一方、これを逆利用する手もある。一番気をつけねばならぬのは、「ハニートラップ」といわれる、所謂、スパイ女性、又はスパイが使う女性に引っかかることである。著者の知っているハニートラップに引っかかった駐在員や、政治家や大使館勤務の外交官、或いは駐在武官の数は実に多い。一つひとつ具体例をあげたらきりがない程である。本人達は皆、恥ずかしいために他人に言わないが、かかる例は予想以上に多い。

一般旅行客も海外でホテルでの電話代やレストランの請求書で、かなり誤魔化されているのは周知の事実である。お人好しの日本人は、請求書の詳細をチェックする習慣がないことをよく知っていて、日本人をカモとみてこういうことを彼らは平気でやるのである。

五、日本はコンセンサス社会

日本人が群れ集っている我々日本人社会はどういう特徴を持っているのか。つまり、日本人の心性、即ち、ものの考え方や感じ方、あるいは、見方はどうなっているのか。また、どういう見えざる原理で日本人社会は動いているのか。そして、その運行原理にどう対処すれば良いのかといった点を十分理解していなければ、適切な「人間学」や「リーダーシップ」などの習得や理解などできないのは当然のことだろう。正直、日本人社会は、欧米やアジア、アフリカ諸国とは大いに異なっている。欧米の個人主義に対し、日本は集団主義、家族主義であり、「村」社会的色彩が強い。かかる気風は長い歴史と気候風土により培われてきたものであろうか。アジアに在りながらアジア的でない極めてユニークな文明圏である。

日本でスムーズに生きていくためには、没個性的でなければならない。自己主張が強すぎるとつま弾きされてしまう。常に「個」と「全体」との調和を心得ていなければならない。日本に於いては、欧米のような「個」と「全体」との闘争はあまりない。それは、根底に「人間は皆同じ」という仏性（人間性）があるからだといわれている。

仕事の面でいえば、皆の協力を得るためには、そのためのプロセスを踏む必要がある。これに関し元関西大学の名誉教授の故谷沢永一氏は、次の様に総括されておられる（著書『「山本七平」の知恵』）。

「あることをなさんとして皆と協議する場合、日本人は誰か特定の、あるいは、少数の人間が提案したことを皆が『理』に押されて、『論』に敗れていやいやそれに賛同するという形態をとることを絶対嫌がる傾向がある。何事も決める前に話し合い、話し合いの前に根回しがあり、皆の賛同を得てようやく結論や決定がなされるというのが日本社会の常例である。日本社会ではあらゆる物事の決定の場合に、それに参加している人達全員の顔を立てる必要があるのである。ヤクザの世界ではないが、少なくともそれぞれの人たちの、固有の主義主張を最小限汲み上げてあるという全員の了解があって始めて物事がスムーズに施行されるのである」と。

日本人は、人に言い伏せられたり、言い負かされいやいや従うというのを極度に嫌うのである。要するに、参加者全員のコンセンサス社会なのである。従って、組織のリーダーやオルガナイザーはこのことに十分に留意して組織運営に当たることが肝要である。

第六章　読書は「人間力」の特効薬だ

一、読書の効用―人間力養成のベスト手段

コンピューターやいろんな道具がいくら発展しても、世の中は常に人間が主役であることには変わりない。経営者は「経営」とは「人間を知ること、つまり人間学」といい切る人が多い。人間や金について修羅場の経験が浅いと、人間というものが十分理解できないからである。日本には大・中・小合わせて四二一万社の企業があるが、その内、九九・七％に当たる四一九・八万社が中小企業であり、通常大企業といわれるのは一％にも満たないのである。前にも述べたように大企業は通常組織で動くが、中小企業はオーナーという個人の人間力が企業運営の求心力の中心となっている。その意味で、とりわけ中小企業の経営者には人間力が最重要要素となる。もちろん、大企業経営者にも人間力が必要なのは申すまでもない。

この人間力を高めるのは容易なことではないが、それに様々な方法や手段がある。これに限るといって決め付けられるものではないが、万人の認める最有力、若しくはベストの手段は読書であろう。何故読書がベストなのか、それは読書こそこの世の時間と空間を超えて、いろんな人間の歴史的事象を学べる唯一の手段であるからだ。

人間が成長するためには、いろんな時代の多くの他人の経験を、時空を超えて学ぶ必要があ

る。この世のあらゆることを、自分一代で経験するには一生は短すぎるのである。人間は未知なるものを知ることにより、知識と知恵がつく。読書とは未知なる物との出会いの機会なのだ。未知なるものを知るもう一つの手段は、各地を旅行することだといった人もいる。いずれにせよ、読書ほど人間というものの理解のため、有益でためになるものはない。一〇〇〇年前の源氏物語に、現代人でも素直に感動するのである。

短い人生で終わる我々人間は、この世の森羅万象の一％のことも知らないであろう。まして、数千年前のことなど読書以外の手段で知る由もないのである。読書はある意味で、他人との出会いでもある。読書の本質はその普遍性にあり、時間や空間を乗り越える唯一の手段なのである。中でも特に何千年という風雪に耐えてきた古典には、時間と空間を超えた普遍性がある。孔子や孟子のいっていることは、我々が今読んでも全く古くなく、「なるほど」と頷けるものが多い。

昔からインテリや指導者が共通の本を読むことにより、ある価値観や倫理観を共有することができるといわれてきたが、最近は、活字離れがますますひどくなり、知識人が共通の本を読むということも減ってきたようで、そのため知の横つながりが希薄になってきていると指摘する人もいる。また、読書は価値観を多様化させる力を持っている。

『国家の品格』の著者藤原正彦氏は、人間とケダモノの違いは読書するかしないかにあるという。逆にいえば、読書をしない人間は動物に近いといえる。

中国の北宋時代の書家で文学者の黄山谷《こうさんこく》という人が、「三日、書を読まざれば、面貌憎むべく、語言味なし」といっている。読書の効用として「他人の過ちから学べ。自分で全ての過ちを経験する時間はない」といった人もいる。

要するに、他人の経験が自分の経験に付加価値をつけるということである。同時に価値感の多様性が生まれる。同様に歴史や古典は視野を広げ、人間力を広げることにもなる。言い換えれば、精神素養の不足を補ってくれるともいえる。

読書の目的は、物知りになるのではなく知恵を得ることである。いろいろな読書から得られるものは計り知れない。最近のように、情報がテレビやインターネットが中心の時代になると、人間の五感のうちの視覚から得る情報が中心となり、その結果、印象中心主義となって物事を深く考えなくなる。皆、均質に浅い考え方を持つ「人間の規格化」が進んでいるが、かかる現代社会では読書の持つ意味はますます重要となってきている。ただし、読書の目的は物知りになるのではなく、人間としての知恵を身につけることにある。

人間的魅力がリーダーの条件の一つによく挙げられるが、いうまでもなく幅広く深い教養も一つの重要な構成要素である。教養とは常に自分の生き方を考えている人、即ち、相対的に周囲を見られる人ともいった人がいる。ある人は、人間的魅力のある人とは、人間の喜びや悲しみをよく理解できる人、何度会っても飽きのこない人、あるいは表裏のない人だとも述べている。教養と知性もまた重要な人間的魅力の一つである。

二、読書の効果的な具体的方法

多摩大学大学院教授の田坂広志氏は、インターネットが隆盛を極める現代の情報洪水社会の中で、我々が流されずに読書から価値ある知識や知恵を掴み、速読・多読では得られない創造性や洞察力を身につけるために、本とどういう付き合い方をすべきかについて、実に興味深いアドバイスをしておられるが、その要点の一部を紹介する。

読書には「知識を学ぶ」「知恵を掴む」「心の糧を得る」という三つの目的があるという。

(1) 知識を学ぶ読書

第一の「知識を学ぶ読書」は、今、多くのビジネスパーソンが読書をするときの主な目的なのであろう。それゆえ、膨大な情報の中から必要な知識を素早く手に入れる速読の技術がもてはやされている。しかし、速読や多読によって多くの知識を得ても、実は、そこには大きな落とし穴がある。速読や多読の能力でもって博識になっても、必ずしも創造性や洞察力につながらないからだ。そもそも、断片的な知識をどれほど身につけても、それは雑学に過ぎない。そして、今の時代は、必要な知識はインターネットですぐ入るため、ただ知識を学んだだけでは価値がないのだ。

ではどうすれば、書物で学んだ知識が創造性や洞察力に結びつくのか。第一の心得は、「知識の生態系」を育てながら読むことだ。さまざまな分野の異なった知識が、一つのテーマを中心に有機的に結びついたとき、そこに創造や洞察が生まれてくるからだ。分野の異なる本から、何か共通的に結び付けられる命題のようなものが閃くことがあり得る訳だ。

第二の心得は「深い問」を抱きながら読むこと、たとえば、「資本主義とは何か」という問に対し、今は株主に対する利益を最大化する「株主資本主義」が主流となっているが、「では、資本主義の進化はどこに向かうか」…といった具合に、問が問を呼び、知識が有機的に集まり「知識の生態系」が育成されていくのである。

第三は、「未来を想像」しながら読むこと。要するに次に何が起こるかを考えながら読むこと。

(2) 知恵をつかむ読書

本来知恵とは、体験を通じてしか得られないものであるが、それを書物を通じて会得するにはどうすればよいのか。

第一に知識と知恵を区別して読むこと。体験でしか得られないはずの知恵を単なる知識と誤解し、知恵をつかんだような気になるなということである。「成功の方法」や「成功の秘訣」

など、いくら知識として読んでも、体験していないだけに知恵として役立たない。ただし、かかる本も、自分の別の体験と重ね合わせながら読むと、それが触媒となって無意識につかんでいた知恵が、意識上具体的な形で表面化してくる可能性があるからだ。いわゆる「気付き」といわれるものである。

第二に謙虚な気持ちで読むこと。特に若い人が、深い知恵を語る言葉を読んでも、自分の浅い経験と知識のレベルで判断するため、「つまらぬ本」「役立たずの本」と安直に判断をしてはならないということだ。

次に「感得を心がけて」読むこと。本を読む時、感動、感銘、共感を持って読むこと。「ああ、なるほど、そうだそうだ」と感得することが重要で、その「気付き」の瞬間に、自分の経験の中から知恵を掴むことになるのだ。そしてつかんだ後は末長くそれを行じていくこと、実施していくことが大切である。

(3) 心の糧を得る読書

かつて、作家の亀井勝一郎氏は、その読書論の中で「読書とは、著者の魂との邂逅である」と述べているが、言い換えれば、時空を超えて著者の魂と正対し「格闘」する気持ちで読むことで、心の糧が得られるという意味である。

更に大切なことは、自分の「原体験」を見つめ、振り返りながら読むことが重要である。

我々の人生においては、時には病気や事故、家庭内の不和、失恋、職場でのしんどい人間関係等、決して忘れることの出来ない体験や心に深く刻まれた「体験」、即ち「原体験」とも呼ぶべきものを背負って生きているのである。

この原体験を背負いながら本を読む時、初めて我々は著者の人生と最も深く正対出来るのであり、その対話から豊かな心の糧を得ることが出来るのではなかろうか。

第七章　教養としての日本の伝統文化を知ろう

一、日本の伝統文化と教養

最近のグローバリゼーションの影響もあって、ますます国際間の交流が経済を中心として活発化しており、人的交流も昔の比ではない。従って、我々もただ単に国内での日本人だけとの交際ではなく、多くの外国人とも接しなければならなくなってきている。この外国人の中で交わされる会話では、日本の習慣や歴史、あるいは各地域の特徴などさまざまな点が話題となってきている。そのため、我々日本人自身が日本という国家をよく知っておかねば、外国人にもバカにされることになるであろう。

藤原正彦氏も述べておられるように、大商社の英国駐在員が意地悪な英国人から「有田焼」と「伊万里焼」の差は何かとか、「縄文式文化」と「弥生式文化」の違いは何かといった質問を受け、何も答えられず大恥をかいた例が語られているが、ちょうど、英語はできるが母国語の日本語がまともにできないといったのと同様のことである。

先ずは自国のあらゆることを十分勉強し、その特徴や優れた点や欠点を十分認識しておく必要がある。これは外国人との会話のためだけではなく、文明文化の時代の人間として当然のことであろう。特に最近、日本の古い伝統文化や芸術、あるいは生活習慣、あるいは日本の食事等が世界的に有名になりつつあり、日本人自身からも見直されつつある。我々は今一度「日本とは何か」「日本人とは何者か」を立ち返り十分認識しておくのも教養の重要な要素である。参考までに日本文化の特徴、またそれに関連し、対比的に朝鮮文化、中国文化の特徴も紹介しておきたい。

二、「日本的なるもの」や「長い日本の歴史や伝統」を見直す時がきた

今回の一〇〇年に一度といわれる世界的大不況は、アメリカ流の市場原理主義、成果主義、金融中心主義、ＩＴ社会の形成等をベースとしたグローバリズムが、アングロサクソン系のアメリカやイギリスの国益主義の美名にすぎなかったことを世界に示したといえる。ここに、アングロサクソン流やユダヤ系を中心とした金融政策が超一流であるとの妄想が打ち砕かれた。彼らの流儀が決して世界の標準モデルになり得ないことを如実に示し、各国は独自の伝統文化の価値を改めて認識することになったといえる。

日本においても今日まで、社会、経済、教育、文化の面で、アングロサクサン系諸国の手法に押し流され、世界に誇り得る「日本的なるもの」を見失っていたが、それを改めて見直す良い機会になったといえる。日本の政治も経済も、我が国が「よって立つ」、すなわち国民の伝

統的、精神的価値を根本に、いま一度、想起すべき絶好の機会といえる。

京都大学大学院教授の佐伯啓思氏は月刊誌『諸君！』（文藝春秋、二〇〇九年六月最終号）の論文「アメリカ型改革から（桂離宮の精神）を守れ」で、日本の文化の特質を次のように分析しておられる。

《もともと日本文化の中には、物質的幸福よりも、人々の精神的なつながりや質素な生活がもたらす安寧を重視するところがある。生活の中にさまざまな形で美を持ち込むことを好む。資本にものをいわせた巨大なものよりも繊細で優美なものを愛好する性癖がある。巨大ビルよりも簡素で素朴な建物への愛好がある。個人的利益追求より他者への配慮と集団への献身がある。自己への固執よりも無私をよしとする精神がある。急激な社会変化よりも安定した社会の漸進的変化をよしとする傾向がある。激しい自己主張よりも控えめな態度に価値をおく。これらは、「日本的なもの」の美質であるが、これまた、今日のアメリカ型金融資本主義や個人主義的競争社会、ＩＴに席巻された社会とはまったく異質なものであり、そのことを我々は深く自覚する必要があるのではなかろうか》

昭和八年（一九三三年）に来日したドイツの建築家ブルーノ・タウトが絶賛した「桂離宮」の精神こそ日本の伝統文化の表象であり、それに立ち返れと述べておられるが、著者も全く同感である。

三、外国人が見た日本民族の特徴

私たちの祖先は勤勉、正直、親切、謙虚、素直、感謝といった徳目を規範に、幾世紀も暮らしてきた。かつて日本を訪れた多数の外国人たちの証言は、そのことを明らかにしている。とは申せ経済面や衛生、医療面その他で、現在の日本に比べはるかに劣っていたことは申すまでもない。

たとえば、江戸時代は封建時代であったため、身分制度として「士農工商」どころか、さらに細かい職能別の差別が山ほどあった。そして「上級者にへつらい、下級者に威張る」ことで秩序が保たれていた。江戸の地所は武家屋敷と寺社で八割五分を占め、残りの土地に町人がひしめき合っての住まいであったため、多くの人は長屋住まい。土間やかまどを据えると、残るのはノミ、シラミの棲む六畳一間しかない。トイレは共同、風呂は暗い混浴の銭湯、食べ物は飯が食えればよく、おかずは二の次といった時代であった。

着るものは普段は木綿の着たきりスズメ、栄養状態や衛生状態が悪いため病人も多く、特に目が悪い人が多いのに外国人も驚いたようだ。医療水準も漢方医療中心でレベルも低く、ロクな医者もいなかった。将軍家でも多くの子どもが死んでいる。それでも江戸の衛生状態は、当時のヨーロッパよりは、よほどよかったという事実があるが、今と比べれば、かかるひどい生活環境であった。にも拘らず、武士や上流階級のみならず、一般人の道徳や行動規範は、現在よりはるかに上をいっていたのではないか。

当時の外国人旅行者が日本や日本人をどう見たか、多くの見聞録が残されているが、客観的に、かつ多角的にそれらを知るために、敢えて出来るだけ多くの印象記や旅行記を次に列挙する。

(1) 一〇の実例・日本印象記

①驚くべきことに、三世紀の中国の『魏志倭人伝』では、日本民族について「日本人は嘘をつかない。泥棒がほとんど居ない。非常に立派な民族だ」と書かれている。

②一五四九(天文一八)年、キリスト教布教のために日本にやってきたフランシスコ・ザビエルが、本国に送った手紙で次のように述べている。

「この国の人々は今までに発見された国民の中で最高であり、日本人より優れている人々は異教徒の間では見つけられない。彼らは親しみ易く一般に善良で悪意がない。驚くほど名誉心の強い人々で、他の何ものよりも名誉を重んじる。大部分の人々は貧しいが、武士も、そういう人々も貧しいことを不名誉とは思わない……。このように名誉心が強く、賢く、敵に対し勇敢に戦う、この国は征服すべきではない」

③一六九〇（元禄三）年に、オランダ商館付の医師として長崎の出島に滞在し、一六九一年と九二年に連続して江戸参府を経験し、徳川綱吉にも謁見したドイツ人医師のエンゲルベルト・ケンペルは、次のような日本印象記を残している。

「この国の民は習俗、道徳、技芸、立ち居振る舞いの点で、世界のどの国にも立ち勝り、国内交易は繁盛し、肥沃な田畑に恵まれ、頑健強壮な肉体と豪胆な気持ちを持ち、生活必需品は有り余る程に豊富であり、国内に不断の平和が続き、かくて世界で稀に見る程の幸福な国民である」

④イギリス人女性旅行家で紀行作家のイザベラ・バードは一八七八（明治一一）年五月に来日、東北や北海道を旅行し、『日本奥地紀行』でこう書いた。

「ヨーロッパの国の多くや、所によっては我が国でも、女性が外国の衣装で一人旅をすれば現実の危険はないとしても、無礼や侮辱にあったり、金をぼられたりするものだが、私は一度たりとも無礼な目に遭わなかったし、法外な料金をふっかけられたこともない」

⑤一八五六（安政三）年、通商条約を結ぶために来日した米国人の外交官ハリスは、その日記にこう記している。

「彼らは骨良く肥え、身なりもよく、幸福そうである。一見したところ、富者も貧者もない。これが人民の本来の幸福の姿というものだろう。私は時として、日本を開国して海外の影響を受けさせることが、この人々の普遍的な幸福を増進する所以であるかどうか、疑わしくなる。

私は質素と正直の黄金時代を、いずれの他の国におけるよりも多く日本において見出す。生命と財産の安全、全般の人々の質素と満足とは、現在の日本の顕著な姿であるように思える」

⑥トロイアの遺跡の発掘をはじめとするエーゲ文明の紹介者で有名なドイツ人パインリッヒ・シュリーマンは、慶応元（一八六五）年六月、中国探検後に来日し、開港後の横浜、江戸、八王子あたりを見聞してまわった。そのときの記録『日本中国旅行記』に次のような文章がある。

「日本の教育は、ヨーロッパの最も文明化された国民と同じくらいよく普及している。それはアジアのほかの全ての民族が、中国人たちでさえも、全くの無学のうちに彼らの妻たちを放置しているのとは対照的である。だから日本には、少なくとも日本文字と中国文字で構成されている自国語を読み書きできない男女はいない」。シュリーマンは、日本人の識字率の高さと普及度は欧米並みであり、それが全国民に及んでいるとみたのである。

⑦アメリカ東インド艦隊司令官ペリーも、下田や箱館（今の函館）に多数の本屋が存在し、多くの本が売られていることに驚くとともに、前述のシュリーマンと同じことをいっている。

もちろん良いことばかりではなく、日本の各所で多数の春画や春本が堂々と売られていることにも驚き、また、女性が平気で他人の目につく庭で水浴していることにもふれている。

⑧一八九〇（明治二三）年来日のドイツ人宣教師の記録には、「私は全ての持ち物を、ささやかなお金も含めて、鍵をかけずにおいておいたが、一度たりともなくなったことはなかっ

た」と残されている。

⑨昭和に入ってからも、一九一六年、アメリカの曲芸飛行家のアート・スミスが日本に来て五七回の興行を行った。幕を張って、その天幕の中で曲芸飛行をやるわけだが、終わった翌々日に、手紙に一円を添えた封書が何通か届いた。

「あなたの曲芸飛行を自分のうちの屋根の上で見た。入場料を払わずに興行を見るということは穏当ではないので、入場料相当のお金を受け取ってもらいたい」と、お金を送ってきたのである。アート・スミスは、「私は世界の方々で同じようなことをしてきたけれども、場外で見たからといって入場料相当のお金を送ってきたのは日本人だけである。なんと素晴らしい民族であるか」と述べている。

⑩フランスの詩人ポール・クローデルは一九二一～二七（大正一〇～昭和二）年まで駐日大使を務めた。第二次大戦で日本の敗色が色濃くなった一九四三（昭和一八）年、パリでのポール・ヴァレリーとの対談記録で次の様に述べている。「日本は貧しい、しかし、高貴だ。世界でどうしても生き残ってほしい民族をあげるとしたら、それは日本人だ」。

(2) 富国有徳を目指す

これら日本民族に対する賛辞がある一方、日本は変わった国だ、ユニークな国だとの説もある。たとえば、前述のザビエルは「異教徒の中で将来最も有望で教養ある人種」と本国へ報告したが、彼の後、イエスズ会日本布教長になったアレキサンドロ・バリグナーノは、「日本は全て裏返しの世界だった。日本人は我々と似ているところは何一つなかった」と結論づけている。

また、大正期に日本で育ち近衛文麿と交遊のあった英国軍人C・パケナムは、「ジャップは絶対的にユニークな国だ。世界のいかなる国とも違う」といった。

先の戦争の折、駐日英国大使だったロバート・フレーギーは、「日本で生活すればするほど、彼らが不可解になる」と述べている。

日本が異質であることの最近の例としては、阪神淡路大震災や東日本大震災を思い出せばよい。震災で通信が途絶え、警察機能がマヒした混乱の中でも、ほとんど略奪行為はなかった。そして、暴力団である山口組が、彼らの総本山の前で炊き出しを行い、被災者の力になろうとしたことは、外国人には信じ難いことであったと多くのメディアが伝えていた。かかる非常時は、欧米先進国でも略奪行為は当たり前なのだ。

さて、以上のような、かつて世界の人々が絶賛した日本の文化や伝統は、昨今かなり崩れ、損なわれてきているが、この日本人の美質を取り戻し、後世に繋げなければならない。私たち一人ひとりがこの美質を涵養し発揮した時、日本は真に豊かな国となる。「富国有徳」とはこのことである。

(3) 日本文化の独自性—他の文明との融和は極めて難しい

よく認識しておくべきことは、異民族間の文明融和の難しさの一例として、ヨーロッパ人自身もいっているように、ヨーロッパの移民受け入れ先進国で、移民政策で成功した国は一つもないという厳然たる事実である。

文化や宗教といった内面的で精神的なものは、そう簡単には融和できないものである。特に一神教の世界では誰もが「God side with us only」(神は常に自分のみ味方する)と考えているため、妥協などあり得ない。イスラエルとパレスチナ人の永年にわたる争いを見てもよく分かることだ。八百万神を信じ、他の宗教に対して誠に寛大な日本人には、なかなか理解できないことかもしれない。

ハーバード大学のハンチントン教授の説として、日本は中華文明から離れた一国で、八大文明圏の中で一つの独特の文明圏を形成していると見られている。日本文明は中国や朝鮮のような中華文明とは大きく異なっており、全く別の文明圏とみているのである。

歴史的に見て日本は、中国大陸とさまざまな交渉を持ち、中国から仏教、儒教、漢字、諸制度など導入し、中国とは深い関係にあったのは事実である。これらの交渉がなければ日本はかなり異なった歴史と文化の国になっていたものと思われる。日本が中国から多くの文化的要素を取り入れる際の方針と態度が大きく影響したことは間違いない。

日本の独自の文化形成は、聖徳太子の時代から中国大陸からの独立を勝ち取り、それを保持した結果ではないかと中国からの帰化人である評論家の石平氏はみておられる。歴史の節目にあって主導的な役割を果たした代表的日本人達が、中国帝国からの圧力をはね返し、自立自尊を保つため最善の努力をした結果であると。この点につき、もう少し歴史的に詳しく考察してみる価値があると思われる。

歴史的に見れば、紀元五世紀頃日本は「倭の五王」即ち「讃、珍、済、興、武」の時代と呼ばれ、中国に対し臣下の礼を取り、中国王朝から官職や称号を戴く、所謂「朝貢外交」が当然のことと考えられていた。その後約一世紀の間、中国と日本の外交関係は途絶えていたが、六世紀になり大和朝廷の聖徳太子が中国との外交を再開した。そして第二回の遣隋使に託した隋王朝の皇帝宛の国書は驚くべき内容のものであった。「日出《いず》る処の天子、書を日没する処の天子に致す恙《つつが》なきや」。小国日本がよくもまあ、こんな厚かましい失礼な書を出したものである。当時の中国王朝の世界観と、当時の東アジアの国際秩序感覚からすれば、信じ難い出来事であったと思われる。

当時の中国の世界観は、世界の上に「天」があり、天帝が宇宙の森羅万象を全て支配しており、一方、「天下」即ち、天の下の世界では、天帝の子である「天子」が、天命を受けて唯一の統治者となると考えられていた。中国朝廷の皇帝こそ「天命」を受けた天子であり、世界の頂点に立つ唯一の支配者と自負していた。周辺国もそれを認め、中国皇帝以外全て彼の臣下とみなされていた。かかる時期に、辺鄙な小さな島国の王が、中国の対等の天子と名乗って、先述のような書を送ってきた訳で、当然のことながら、これを読んだ隋の皇帝は大変怒り「蛮夷の書無礼有り」と怒鳴ったと中国の歴書に記されている。

それにも拘らず中国はその後も、答礼使の外交官を日本に派遣し、大和朝廷との国交回復に応じ、日本からの遣隋使や遣唐使を受け入れ、また、多くの中国人を遣日使として派遣したりして、対等に日本との関係を保ったのである。やはりこれには理由があるようだ。当時中国は、朝鮮の高句麗征伐に苦労していたため、背後にいる日本を抱き込む方が得策と判断したためとみられている。結果的には聖徳太子の大勝利であった。これが中国大陸の中華文明から独立するキッカケとなったのである。

一方、司馬遼太郎氏は次のような見方をしておられる。声を大にして自己主張することを是とする大陸文明圏の人種とは異なり、日本人は自らの利益よりも他者への慮りを優先し調和を尊ぶ抑制的な資質を持っている。日本は大陸アジアではなく、むしろ西ヨーロッパに近い文明観を持っているということだ。なぜなら巨大な中央集権帝国ではなく、小規模の自治体の連合体としての封建体制を基盤に発展してきた日本とヨーロッパは、文明発展過程が極めてよく似ており同質性が高い。これは、中華文明と大きく異なる文明圏である。

にもかかわらず最近の日本人は、強く自己主張する大陸アジア人に似てきているという。従って、大陸アジアと付き合うとロクなことにならないと、梅棹忠夫氏（国立民族学博物館名誉教授、京都大学名誉教授）や渡辺利夫氏（拓殖大学学長）らは心配し、脱アジアを説いておられる。元タイ大使の岡崎久彦氏も、本来、日本は大陸国家ではなく、海洋国家であり、中国大陸に介入すべきではなく、イギリスと同じ立場で臨むのが望ましいといわれている。

四、「外国人が見た日本人の特徴」から学ぶもの

日本人ほど、「日本人論」や「日本文化論」の好きな人種はいないとよくいわれる。その理由の一つを、神戸女学院大学名誉教授の内田樹氏は『日本辺境論』（新潮新書）の中で、次のような主旨で推測しておられる。

日本が文化の中心地とみなされている地から一番離れた地に存在しているために、文化の中心地の国や他国から、日本や日本文化がどう見られているかを常に気にして、キョロキョロするせいではないか。内田氏の考えは非常に面白いが、ここでは日本人による「日本文化論」より、外国人による「日本文化論」の方がより参考になると思われるので、それらを中心に考察していきたい。

後述の第八章の韓国文化と日本文化の差にも見られるように、日本人や日本文化の特質は世界的に見ても極めて特異である。次に、比較文化学専門の多くの外国人（特にアジア人）が、日本人や日本文化の特質についてどう見ているのかの見地から見ていきたい。第八章の隣国文

化論とも重なる部分もあるが、永年にわたり日本に滞在し、日本人と日本をよく知る多くの外国人の意見を参考にして改めて要約してみると、次のようになる。

(1) 日本人の行動様式　外国人がとまどう曖昧性

外国人が来日後の最初の二、三年に感じる、あるいは戸惑う共通点は、「日本人の曖昧さ」であり、考え方がはっきりしないことだという。好きなのか、嫌いなのか、肯定しているのか、否定しているのかよく分からず、また、自分の意見を中々はっきり言わない。

韓国人の話であるが、あることで日本人に世話になり、お礼をしたいと思いレストランへ招待したが、レストランへ行ってさて何を食べるかとなった時、日本人の殆んどはすぐ「何でもよいです」と答えるため、招待側は困ってしまうという。同様にA、B、二人の女性についてどちらが美人かとか、どちらがより魅力的かと聞くと、日本人は必ず「どちらも美人で魅力的」と答え、決してはっきり言わない。そこで皆悩んでしまう。しかし、この日本人の曖昧性にも後述の如く深い意味がある。

(2) 対人距離感を大事にする

日本人独特の距離感の取り方がある。人と付き合う時、日本人は、「心の中を見せ合う」のに時間をかける。日本人は一方的に距離を詰めていくような馴れ馴れしい接触の仕方を嫌う。

双方から徐々に距離を詰め合い、抵抗感をなくしていって次第に慣れ親しんでいく。本当の会話の始まる前に、夫（妻）の勤め先を聞いたり、住んでいる場所を聞いたり、子供の数を尋ねたりするのである。日本人は友人関係を熱くというよりは温かく、激しくというよりは静かに末永く続けることを望む。

「熱く激しい人間関係」は、辛くなる場合も多く短命で終わりがちだが、「温かく緩やかな友人関係」は長続きしやすい。

(3)「察する」文化

日本人のこの距離感の取り方と、相手の心のうちを「察する」という精神文化は深く関わっている。日本人には相手の心に負担をかけまいとの思いが強く、気安く自分の悩みを他人に打ち明けない。「察する」という日本人の文化が生まれた背景には、日本の世界に例のない恵まれた気候風土が大きく関係しているといわれている。

また、気候風土が極めて激しい中国や韓国と異なり、日本の地勢も気候も大変複合的、融合的であり、これがひいては日本の曖昧さともつながっている。AかBではなく、AとBの複合、融合に関心が向く傾向が強い。日本の地勢や気候という風土は対立を避け、調和していくことを重んじ、一から十まで言葉に出して説明せずとも、お互いに「察する」という日本文化が生まれたと思われる。地勢や気候など、自然風土のあり方が、日本人の人間関係や美意識や価値観に大きく影響を与えているといえる。

(4) 専制国家が不要だった

専門家の話によれば、後述の理由により日本は強大な専制国家を必要としなかった。

ところが中国大陸では、広大な平野部に溜め池など大規模な工事を強力に推し進めていく必要性から、無数の農耕共同体群を束ねて、大量の労働力を結集させる力が統一国家に求められた。そうした政治的な統治を可能にしていくために、政治的、軍事的、経済的に強大な専制権力を必要としたし、度重なる北方の騎馬民族からの侵略に対しても備える必要があった。

一方、日本は農地も狭く、山や川や海が一体化し融合しており、地元の住民たちや各農耕共同体の独力でコントロールが可能であり、強力な中央集権国家の力を必要としなかった。そのため外国人から見ると、集団的、協力的にみえる国民性が生まれた。また、島国であるが故に外的侵入を心配する必要がなかったため、日本では取り立てて強固な統治エネルギーを必要とせず、古くからの各地域の祭祀や神話による統治で十分であった。

結果的に中国や朝鮮と異なり、縄文時代からの農耕アジア的な精神が消え去ることなくずっと続いて来たといえる。

(5) 規則より自発的内的規制

日本人は社会的ルール、特に生活習慣のルールには極めて厳格である。それは西洋式の原理原則や普遍的な価値観、制度よりも、生活する人々の間での自然な調整作用の働きで自動的に保たれている部分が多い。これが、たとえば、列にきちんと並ばない中国人が日本人に嫌われる大きな原因となっている。

警察官を増やしたり、規則でがんじがらめにするよりは、各個人の自発的内的規制で社会秩序が守られるのであれば、よほどこのほうが望ましい。江戸時代の日本は、世界で一番、徳性の高い社会を形成していたといわれている。この時代は「徳」こそが、日本の国の富であり、資源であった。このような日本人の徳性や規範感覚は、武士道精神に根ざしていると思われる。

この精神は鎌倉時代に「弓矢とる身の習い」、つまり戦における掟として成立したが、平和が長く続いた江戸時代には精神として洗練され、小説、講談などを通して町人にまで広がった。これは、日本精神とよんでもよいものである。

誠実、慈愛、側隠、忍耐、礼節、名誉、孝行、公の精神や思いやり、いたわりの精神などを重んじ、卑怯を憎む精神である。今、世界にはびこっている拝金主義者や市場原理主義者は、日本のこの「名こそ惜しけれ」の武士道精神を見習ってほしいものである。最近は欧米流の金銭中心の拝金主義や、ＧＤＰ信仰が日本人の徳性をゆがめはじめている。落ち着いた、安定した国民生活を送るためには、ＧＤＰより「徳」を重んじるべきなのだ。

つい最近、東日本大震災にみせた日本人の自己規制の民度の高さは、日本民族の歴史的に誇るべきDNAといえる。

(6) 日本人の特異な美意識

後述の第八章で、韓国文化との差をも述べるが、日本人の美意識は世界的に見ても極めてユニークである。日本では得意げになったり、自慢しているように思われたりするような見せ方や振る舞い、あるいは、そのものズバリの直接的表現をはしたないと嫌う。

反対に何気ない素振り、それとない装い、遠まわしの言い方に品格があると思われていて、「わび、さび」といった目立った飾りを排して清楚で簡素な古びた趣を愛する。幽玄という、隠され秘められた姿、形に美をみる意識、目に鮮やかな原色よりも、しっとりとした沈んだ中間色が好まれる。景色では、雲、山、海、田んぼが全て溶け合った霞んだ色や風景が好まれる。姿、形では完全な均衡や左右対称を嫌い、僅かに壊して動きある状態を好む。いわゆる「歪みの美」である。

また、正形、正統性に対し、軽妙に崩しをしようとする。空間を飾りで埋め尽くさずに、空白、余白を残そうとする。規則的なものを嫌い、不定で流動的な動き、遊びやゆとりのある動きを好む曖昧さの美学がある。

室町時代の茶人で「わび茶」の創始者といわれる村田珠光は「月も雲間のなきは嫌にて候」

（禅鳳雑談）といったといわれるが、一方で、外国人は満月の煌々と輝く月を好む。

　今や自然科学の面でも曖昧さ、ゆらぎ、ファジー、多義性などの探求は先端的なテーマとなっているが、日本文化は、その曖昧さゆえに調和、融和への力が働き続けている。その意味で、対立に飽きた世界を根本から変えるパワー「曖昧力」を豊かに持つ文化といえる。これは今後世界が見習うべき日本文化の未来性かも知れない。

　さらに、日本人の美意識と美徳とは深く係わっているのは当然のことである。作家の下村湖人は「青年の思索のために」という本の中で、美徳について次の四点を挙げている。

《「忍耐心」「謙虚と謙譲」「調和」及び「勇気」。そして、この美徳というものは、あるものを土台として支えられていないと悪徳に変わりうる。悪徳に変わると、忍耐心が壊れ、人を憎む怨恨の源となる。謙譲が悪徳の世界に変わると卑屈になる。また、調和は妥協の産物となり、勇気は粗暴の振る舞いとなる。それは人に対する愛と思いやりや配慮である》

この土台を失うと美徳が悪徳に変わるのである。

（7）美の大国

　外国人は日本を「経済大国」とか「技術大国」といい、その原因に日本人の勤勉性とか真面目さを挙げるが、もう一つの側面「美の大国」であることを忘れてはならない。

「美の大国」が「経済大国」や「技術大国」を生んだのである。

今や日本のファッションやデザイン、さらにはアニメや漫画等ソフトが、世界の注目の的になっている。特に中国や韓国、東南アジアでは日本のファッション雑誌が一番人気があるようだ。表参道や原宿も、欧米やアジアのファッション関係者や観光客であふれている。

さらに言えば、キリスト教文化圏の欧米や儒教文化圏の中国や朝鮮では「どんな生き方が正しいか」という倫理観、道徳観が生き方の規範となっているが、日本では「どんな生き方（死に方）が美しいか」という美醜の観念が生き方の規範となっている。「卑怯者」とか「臆病者」といわれるほど武士が嫌った言葉はなく、それよりは死を選んだのである。真に武士道の精神である。数学者で作家の藤原正彦氏は、数学者にとって一番大切なことは「美的センス」であると述べておられる。

（8）自然と敵対しない

日本人には、自然に対する独特な自然観や美的感受性がある。

そのため華道をはじめ、茶道、庭、短歌、俳句、書道、能、狂言、歌舞伎等々が生まれた。それは一つには自然界の諸事物に霊魂、精霊などの存在を認め、かかる霊的存在に対し、信仰するといった自然観が影響したものと考えられる。花鳥風月、山川草木虫魚、全てに神が宿るという宗教観も関連しているものと思われる。また、日本語の表現には「木々がささやいている」「風が呼んでいる」といった、自然をあたかも人間と同じようにみなす表現が非常に多い。

要するに、自然と人間を一体と考えている。自然と対決し、征服すべき敵とみなしてきた西洋人や中国人や朝鮮人とは全く異なる自然観といえる。日本文化は古代においては中国や朝鮮文化、また明治以降は西洋文化の模倣であり、オリジナリティーがないとよく言われてきた。しかし、日本文化の深層には縄文時代からずっと培われてきた自然観がある。それが受け継がれ、物事の自然のあり方を原型とし、様々な日本文化の美的様式が形作られていったということである。日本人の物づくりが優れているのも、基本的には日本人特有の美意識と律儀さゆえであろう。その美意識の根源は、世界に稀なる日本の自然の美しさと、はっきりした四季の移り変わりによるものと説く人もいる。

(9)「和」の精神

日本精神のベースの一つに、聖徳太子の時代からある「和」の精神がある。日本の「和」の精神は、みんなのために汗を流す、みんなで支えあう。これを形で表現すると車輪の「輪」となり、精神的に表すと平和の「和」となる。「和」は、「禾」へんに「口」と書くから、「お米をいただく」という意味になるらしい。これこそまさに、日本の共同体の思想であり、働くという労働観（端を楽にする）なのである。そして、日本における「和の精神」とは、人間関係だけではなく八百万の神とも和し、山川草木とも和していくという考え方で、いくつもの和の集合体が大和の国・日本なのである。従って日本という国は、お互いに汗を流して譲り合い助け合っていくという思想が国の根幹となっている。

最近、この貴重な日本の伝統文化と日本精神はかなり崩れ始めているが、これらを守るためなら、文化に関しては鎖国政策をとった方が良いのではないかとすら言いたくなる。日本の優れた伝統文化や各地域独特のユニークな産品が生まれたのも、日本の永きにわたる鎖国政策のお陰であるというのも今や定説になっている。

(10) 日本人の美徳──躾からくる秩序

余談ではあるが、著者は最近、招待により名古屋の高級ホテルに投宿する機会があり、そのレストランで些細なことではあるが興味深い光景を日にし、改めて日本文化の順風美俗の偉大さを感じた。著者の目の前に二つのテーブルがあり、片方には中年の日本人夫妻、片方には同じく中年のアメリカ人夫妻が食事をしていたが、数分後、同時に立ち上がった。日本人夫妻のほうの奥さんは、皿やお箸をきちんと片付け、テーブルの上をナプキンで掃除してから立ち去った。一方のアメリカ人は、テーブルの上は乱雑であったが何もせずに立ち去った。何か言い知れぬ感動を覚えた。

ホテルの係の女性の話によれば、西洋人を含む外国人は、ほとんど片付けたり掃除などせずそのまま立ち去るが、日本人の三~四割の人は片付けてから立ち去るという。特に育ちの良い年配の女性はそういう人が多いが、最近の若い人は外国人のような人が多くなってきたという。同時に、片付ける人の割合も年々少なくなっているとのこと。もちろん、油のついた皿に別の皿を載せられるとホテル側がかえって迷惑する場合もないこともないが、日本人のこのごく自然のマナーの良さは、永年の社会及び家庭におけるマナー教育によるもので、それが民族のDNAになっているのであろうか。

同種の話として、西洋人がいたく感心するのは日本人が犬を散歩させる時、飼い主が糞の処理をすることである。ロンドンやパリは犬の糞まみれである。日本は世界一清潔な国なのである。

これをみて司馬遼太郎氏の言葉を思い出した。

「人間にとって秩序というものが文明であり、行儀作法、躾、その他が文明の根幹かも知れぬ。江戸時代には秩序があった。人間はどのように行動すれば美しいかということばかり家庭教育で教えていた。侍の子は軒下ばかりでなく道の真ん中を歩くこと、曲がる時は直角に曲がること、雨が降っても走らぬこと等々、かかる簡単な日常の躾に始まり、人生の非常に重大な問題に至るまで、すべて人間はどう行動すれば美しいかということで出来上がっていた」

「君子ハ独リヲ慎ム」という言葉があるが、江戸期の武士の何割かは独りでいる時も姿勢を正していたといわれる。江戸時代は、すでに立派な文明社会であったのだ。その影響が今に及んでいるのかも知れない。もちろん、十六、十七世紀の英国のプロテスタントも教会を介さず神と直接結びつくようになってから自己に厳しく、人たる者は常住坐臥、すなわち、他人がいようと独りでいようと自律的であらねばならぬとの自覚を持っており、日本の武士と似ている。

(11) 文化づくり大国

ニューヨーク、パリ、ロンドン、ローマ、モスクワ、バンコク等の世界の主要都市で、日本風を愛する日本ブームがおきている。

健康的な日本食、漫画やアニメに代表されるイメージ豊かな娯楽文化、繊細かつ美麗な伝統文化、アイデアに満ちた日用品、日本式のもてなしの接客サービス等である。

日本人の美意識が「対立」よりも「調和」を、「格差」よりも「平等」をもたらす社会を作り上げてきたわけで、ここに世界が見習うべき日本文化の将来性があるといえる。

いまや日本は、「モノづくり大国」から「文化づくり大国」へと変貌しようとしている。

(12) 世界一安全で穏やか

最近の日本は治安が悪化したといわれるが、世界的に見れば次表のように世界一治安の良い国である（図1）。警察庁の話によれば、列車内やタクシー内での忘れ物でも、その届け出率は世界一である。基本的には対立より調和を好み、腹黒ではなくすぐ人を信用するお人よし、親切な国民他によるものといえる。

図１　主要１５カ国の人口１０万人中の凶悪犯罪・詐欺罪の発生認知件数（2000年・174ページも）
注：（　）内は国全体の犯罪発生件数

殺人

1	ロシア	20.95 (30,578)
2	韓国	9.92 (4,692)
3	アメリカ	4.55 (12,658)
4	イタリア	4.53 (2617)
5	スウェーデン	2.57 (228)
6	中国	2.12 (26,070)
7	フランス	1.78 (1,051)
8	カナダ	1.76 (541)
9	オーストラリア	1.72 (318)
10	イギリス	1.61 (850)
11	スペイン	1.49 (589)
12	ドイツ	1.17 (960)
13	オランダ	1.15 (183)
14	スイス	0.96 (69)
15	日本	0.90 (1,148)

強姦

1	オーストラリア	81.41 (15,630)
2	カナダ	78.08 (24,049)
3	アメリカ	32.05 (89,110)
4	イギリス	16.23 (8,593)
5	スウェーデン	14.71 (1,302)
6	フランス	14.36 (8,458)
7	スペイン	14.34 (5,664)
8	韓国	12.98 (6,139)
9	オランダ	10.36 (1,648)
10	ドイツ	9.12 (7,499)
11	スイス	5.63 (404)
12	ロシア	4.78 (6,978)
13	イタリア	4.05 (2,336)
14	中国	3.32 (40,699)
15	日本	1.78 (2,260)

強盗

1	スペイン	1,258.89 (497,262)
2	イギリス	179.73 (95,154)
3	アメリカ	147.36 (409,670)
4	オーストラリア	121.43 (23,314)
5	オランダ	117.17 (18,630)
6	ロシア	90.68 (132,393)
7	カナダ	87.70 (27,012)
8	スウェーデン	75.04 (6,641)
9	ドイツ	72.28 (59,414)
10	イタリア	65.38 (37,726)
11	フランス	41.26 (24,304)
12	スイス	30.33 (2,178)
13	中国	11.53 (141,514)
14	韓国	9.56 (4,524)
15	日本	4.07 (5,173)

詐欺

1	ドイツ	1089.73 (895,758)
2	イギリス	603.14 (319,324)
3	スウェーデン	408.03 (36,104)
4	韓国	287.96 (136,206)
5	カナダ	287.15 (85,669)
6	フランス	242.08 (142,583)
7	アメリカ	133.74 (371,800)
8	スイス	107.63 (7,728)
9	イタリア	58.17 (33,564)
10	ロシア	55.80 (81,470)
11	日本	34.95 (44,384)
12	中国	12.11 (152,614)
(スペイン、オーストラリア、オランダはデータなし)		

※国連薬物犯罪事務所(UNODC・・・・Unaited Nations Office on Drugs and Crime)がまとめた加盟国の届け出統計数値より。

二〇〇四年の内閣府「治安に関する世論調査」によると、この十年で日本の治安が「悪くなった」と回答した人のうち、五四％が「外国人の不法滞在者が増えたから」を理由に挙げている。「外国人の犯罪が増えている」と回答した人も四五％いた。「不安になる組織等」としても、「外国人犯罪グループや不法滞在者」を挙げた人が、四三％いる。

ある試算では、二〇〇五年の来日外国人数は、密入国者を除いて七二九万人（総人口の五

％）を超え、一九九三年のほぼ二倍になっている。また、アメリカで教鞭を執っておられたこともある藤原正彦氏の話では、彼の友人のスタンフォード大学出身のあるインテリのアメリカ人女性は、こう言ったという。

「日本にいると穏やかな心でいられる。いつも闘い続けることが要求され、絶対に弱音を吐いてはいけないアメリカ社会に比べると、ゆったりとした気分でいられ、弱音をお互いに吐露することの許される日本社会が羨ましい」

アメリカでは子供の頃から家庭でも学校でも「ポジティブシンキング」つまり、常に意地を張って強く果敢に生きなければならないとの教育を受けたため、非常に疲れるということだ。

⒀責任は自分にもあるという考え方

日本語には他国にはない受け身の表現が多いことに多くの外国人は驚き、理解できないという。特に自動詞の受け身表現は外国には絶対ない。

「泥棒に入られた」「女房に逃げられた」「雨に降られた」「ああ、先に座られちゃった」「あなたに死なれると困る」等々。海外では必ず、「泥棒が入った」「女房が逃げた」といった表現になる。日本人には、「女房に逃げられたのも、自分に非があったからで、こうなったのも自分にも一部責任がある」との意識があるから、このようを表現がなされるのだろう。自分の非を一切認めず、相手を徹底的に批判し、罵倒する欧米や中国、朝鮮とは、大いに国民性に違いがあるといえる。したがって、日本語は欧米式ディベートには向かないという言語学者もいる。さらに「受け身型」に似た助動詞の「れる」「られる」が使われる表現には、「尊敬」（社長がこられる）、「可能」（果物を食べられる）、「自発」（故郷が思われる）などがあり、外国人にとっては実に分かりにくいようだ。

⒁ 金持ち＝権力ではない

一五四九年にキリスト教布教のため日本にやって来たフランシスコ・ザビエルが更に日本で驚いたことの一つに、次のものがある。

「日本人は名誉心が強い人種で、他の何物よりも名誉を重んじる。大部分の人々は貧しいが、武士もそういう人々も貧しいことを不名誉とは思っていない」

また、他の外国人も、表向きには「士農工商」という階級があるにもかかわらず、武士より金持ちの商人や工人が多くいるのは信じ難いことであると驚いたようだ。

なぜ、権力と武力を持つ武士が、一番の金持ちになろうとしないのか。

ヨーロッパにおいては、名誉と尊敬は富の大小に直結しており、現在の欧米でもこの傾向は変わらない。欧米の〝RICH〟という言葉には、「金と権力」という意味があるが、日本語の〝金持ち〟には権力が伴わない。日本には、貧乏を恥とは思っていない傾向が強くある。むしろ、金持ちが軽蔑されている面もある。今とは違い、戦前、あるいは戦後しばらくは、人前でカネの話をすることすら躊躇する雰囲気があった。権力と地位とカネが三位一体となっていたヨーロッパや中国では想像出来ぬことであろう。

(15) 他宗教に無干渉

文藝春秋社が二〇〇六年、日本に長く在住する外国人たちを対象としたアンケート調査を行った。(二〇〇六年八月臨時増刊号特別版「私が愛する日本」)

それによれば、日本の長所の一つとして多くの外国人が指摘したのは、異宗教に対し、寛大である点である。自分が信仰するものと異なる宗教に関し、外国のようにとやかく言わないのは、非常に良い点と評価しているのである。

山川草木あらゆる物に神が宿る、と信じる八百万神の多神教国家、日本ならではの現象かもしれない。宗教対立の厳しい外国から見ると、羨ましく、不思議なことだろう。クリスマスを祝った一週間後に寺で除夜の鐘を突き、明けて元旦には神社に詣でる。宗教の本来からすれば、無節操極まりないといわれても仕方がないが、しかし、何もかもを受け入れるかかる包容力が、温和な日本を築いてきたことも事実である。

この融通無碍な日本人の包容力は、宗教以外にも随所にみられ、これが穏やかな日本文化を育む要因となっていたことも事実である。日本で宗教が一大勢力とならなかったのは、織田信長の比叡山の焼き打ちや、江戸時代の一向一揆の弾圧や島原の乱の鎮圧なども関係しているとみる人もいる。

(16) 支配的原理を持たない

ある歴史家は次のように語っている。

ヨーロッパ人においては、本来、自然物であると規定された人間を「絶対原理」で以って飼い馴らしていくことでしか、その民族とか国家は成り立たない。国家は人民を一つの原理で隅々まで飼い馴らすものだ。たとえていえば、野飼いの馬は馬ではない。捕えて一室の囲いの中に入れ、調教して初めて馬になる。国家も人民を一つの原理で飼い馴らさぬ限り、社会や国家は出来ないのである。キリスト教圏、イスラム教圏、儒教圏等、全て国民を一つの原理でもって調教しようとし、それにより社会や国家が成り立ってきたといわれている。

しかし、日本だけが、このような唯一絶対の飼い馴らしの原理をもたぬ稀有の国であった。儒教も、日本では倫理綱領とはなっても、生活習慣や体制の基とはなっていない。またキリスト教も仏教も、日本では唯一絶対の原理になっていない。いいとこ取りはしても、決してそれを絶対原理と見ずそれに埋没してこなかった。要するに、日本は支配的原理の存在しないユニークな国であった。

(17) 「世界の宝」としての日本――日本が経済大国になった理由

なぜ日本がアジアでトップの経済大国になったか。最大の要因は、日本では全国を統一支配する王朝国家の力が弱かったために、地方権力が育ったことである。対して、中国大陸や朝鮮半島では、前に述べたように王朝国家の力が強く、地方権力の育つ余地がなかった。特に江戸時代は平和であったため、各藩で商業や工業を振るわすために、各地方独特のいろんな特産品が開発され、技術が発展した。それが日本の伝統技術となり、現在の技術大国の礎となったのである。

一方、封建制のなかった韓国は、中央から派遣された官僚は京城に早く帰ることを願い中央にワイロを送ることに熱心であったが、地方の特産品をつくることに不熱心であったため、朝鮮には地方特有の特産品は殆んどない。要するに、永きにわたった封建制度と鎖国政策が、資本制社会を準備したといえる。

織田信長は農民と兵を分離して、農業の収穫期に関係なく、いつでも戦争が出来るようにした。その戦国末期から江戸初期にかけて、武士の居住地として各地に多数の城下町が発展した。そして、武士の暮らしを支える領国経営に不可欠な流通機能を担う職人や商人らが集まる町人町、寺町と呼ばれる宗教施設なども建設された。

これらは、経済機能の中枢が置かれた政治都市であると同時に、一大消費都市でもあった。そして城下町と三都（江戸、大坂、京都）を結ぶ輸送が、重要な問題となったのである。

その結果、菱垣廻船や樽廻船、あるいは千石船や地回り船の就航により、海運が発達し、馬背運送業のような陸運の流通業も発展した。特に江戸の消費を賄うため、大坂が日本一の巨大な流通中心地となり、米をはじめ全国の産品が集まった。さらに、参勤交代を容易にするため、江戸を起点に東西に延びる五街道も整備され、同時に脇街道も整備されて各宿場町を結ぶ飛脚等の通信網も大発展したといわれている。その結果、安全な旅が可能となり各地の情報も集まった。

このように全国各地に商工業を中心とした大都市が発展し、消費文化の坩堝《るつぼ》となった江戸は、「諸国の掃き溜め」といわれるほど全国からの流入者で溢れた。十八世紀後半では人口は百万人に達した（町人五〇万人、武士五〇万人）。

ロンドンは七〇万人、パリは五〇万人だから、当時、江戸は世界最大の都市で、消費都市であるとともに、文化の発信地ともなった。そのために江戸時代の経済規模は巨大化した。流通経済が発展し、企業運営のあり方についても多くの体験をした結果、日本独自の資本主義の倫理ともいうべき「商人道」が確立した。

封建制が長く続いたために地方分権主義が社会に様々な多様性を生み、それが封建体制だった西ヨーロッパ同様に資本主義国家へとつながったのである。これが封建制でなく中央集権制の専制王政の大陸アジアとの大きな違いであったといえる。

(18) 日本はアジアの博物館

岡倉天心は、「アジア文化の史上の富を、その秘蔵の標本によって連続的に研究できるのはただ日本に於いてのみである」として、日本を「アジアの博物館」とみた。

インドや中国では異民族の侵入、王朝の覆滅交代、国内動乱などで文化遺産やその精神性も継承されにくかった。特に中国では、政権交代時には、前の王朝の遺産を根こそぎ絶やしてきたため、古い本などは残らない。真に「焚書坑儒」の「焚書」（書を燃やす）であり、「坑儒」とは儒学者を生き埋めにすることである。

一方、日本は、万世一系の天皇をいただくとともに、外的侵略も受けなかったため、自国のみならず海外の文化も、多少形を変えたことはあっても、日本に残ることとなった。日本文化は古いものを捨てるのではなく、飛鳥文化や南蛮文化等の輸入文化をうまい具合にブレンドし、そこから独自の「和風文化」に徐々に変えてきたのである。

外国文化をそのまま真似るのではなく、いいとこ取りをして、その都度、「日本化」してきた。日本は、中国から輸入した漢字を「訓」で読み、さらに「ひらがな」「カタカナ」を発明したが、漢字そのものを消滅させることはなかった。解読こそ世界で最も難しいといわれているものの、最も情趣に富む「書き言葉」を発明したのである。

(19) 珍しい統治システム　——権威と権力の分離

日本の政治システムは、特異、かつ優れたものとしてよく指摘される。国家の統治者が権威者と権力者の二つに完全に分離されたことが、非常に穏やかな「お国柄」をつくった要因だといわれているのだ。

鎌倉、室町時代から江戸時代末期まで、「天皇家」は権威の象徴であり、軍事力を持つ「将軍家」が権力の代表者であった。当時、世界的にみても極めて珍しい統治形態であったといえる。平安時代の公家で権力者であった藤原道長や、それ以後の平清盛、源頼朝、織田信長、豊臣秀吉、徳川家康等、一度たりとも天皇の地位を狙わなかった。せいぜい娘を天皇家へと嫁がしたくらいのものであった。安土城内に自分に代わるシンボルを設置し、領民に自分を「神」と崇めさせた織田信長ですら、不思議なことに天皇の地位を狙っていない。

中国の強大な権力を持った皇帝、国民によりギロチンにかけられたヨーロッパの専制君主、最近の韓国や米国の大統領の如く、人間というものは、権威と権力を同時に一手に握ると自己抑制力を失う。その意味で、日本の分離システムは穏やかな国家的風土をつくるのに大変役立ったといえる。

(20) 型から入って自然と融和する
『国体の本義』(一九三八年、「日本とはどのような国か」を明らかにするために、当時の文部省が学者を結集して編纂した書物)によれば、日本古来の諸芸、すなわち詩歌、管弦、書画、聞香、生華、建築、工芸、歌舞伎の演劇は、全てその究極において「道」に入り、また

「道」より出ているという。

中世以来、我が国の芸道は、全てがまず型に入って修練し、あるレベルに到達した後に型を出るという修養方法を重んじてきた。それは個人的な恣意を排除し、まずは伝統に生き、型に従うことにより自らの道を得て、その後、これを個性に従って実現すべきということである。こうした傾向は、他国にはあまり例を見ない。このような芸道を会得する過程で、没我帰一の精神に基づく様式を採ることにより、さらに深く自然と合体しょうとしているのであろう。和を以って尊しとなす日本の古来の精神は、階級や職業に基づく差別の心をなくし、忘我奉公や滅私奉公の精神とも合致する。要するに、全て集団的「和」を重んじてきた結果といえる。昔から日本人は、文明は海外にあると思っていた。儒教も仏教も、明治後のヨーロッパ文明も全て海外にあり、そのため日本人は普遍的思想を考えることをしなかったといわれている。

また、文明受容の点でも、面としてベッタリと受け入れたことはない。それは他国に占領されたり征服されたりした経験がないからである。日本は他国と異なり、自ら遠くへ行って摂取する方法をとったのである。余談ではあるが「道」という字の語源は、「首を向けて進む」ことを示しているという。つまり道とは、人生の進むべき方向なのである。それは中国に於いては同時に「道」を「治める」「統治する」とまで拡大解釈している。首を真っ直ぐに向け、わき目を振らず道を歩く姿は、何かに集中しそれを極めんとする人、つまり専門家のことであり、源氏物語に於いてもかかる人を「道の人」と呼んでいる。日本人は昔からこういう人を好む傾向がある。根が真面目すぎるせいかも知れない。

(21) 優れた「感じ方」

日本は、七世紀初頭の遣隋使、遣唐使を九世紀に廃止し、その後、五〇〇年経って室町時代の遣明使が行われるまで「自然鎖国」状態になっていた。遣明使が絶えると、再び自然に鎖国状態になり、一七世紀から明治まで二百数十年の間、政治的鎖国状態となった。その間に大いに日本文化が発展したといえる。前述の如く、日本の文化にはあまり普遍性がないといわれているが、その具体例の一つが、室町時代の狂言や、苔寺（西芳寺）、銀閣寺等である。これらに類似したものは東アジアにはなく、日本人だけのものであって普遍的ではない。

要するに、日本の文化は、普遍的な物の考え方や思想ではなく、優れた感じ方なのだと見る歴史家もいる。もちろん、合理性と普遍的基準というものをベースとする文明とは異なり、本来「文化」というものは極めて不合理なものであり、普遍性などないのが当然といえば当然のことである。

(22) 世界一難しい日本語

アメリカ国務省が、アメリカ人にとっての外国語の難しさを四段階に分類している。一から四の段階で、四が一番難しいのだが、その四にランク付けされているのは、日本語とアラビア語の二カ国語だけである。つまり、英語と日本語はそれほど違いがあるということだ。逆にいえば、日本人にとって英語は、同じように難しいといえる。難しさはお互い等距離なのである。

文化も歴史的背景も文法も全く違う英語は、日本人にとって非常に遠い言語であるといえる。アジアの国が殆んど欧米の植民地になったのにもかかわらず、日本だけが一度も植民地になっていない。これも英語に馴染が薄い原因であろう。一六世紀に日本にやって来たキリシタン・バテレンは、日本語と自国語のあまりの違いに、「これは神の言葉を伝えないための悪魔が発明した言葉ではないか」とまで言ったそうである。この難解な日本語が、日本のあらゆる伝統文化を外敵から守った面もあるといえる。

(23) 外国人には不可解な国

以上、日本人と日本文化の特質を述べたのは、一〇〇年ほど前に日本を訪れたアメリカの紀行作家、エリザ・R・シドモアの次の言葉を証明したかったからである。

「日本人は今世紀最大の謎であり、最も不可解で最も矛盾に満ちた民族である。日本民族の深い神秘性、天性の賢明さ、哲学、芸術、思想など名状し難い知的洗練さの前では、我々はまるで赤ちゃん同然である」

シドモアは、日本文化と日本民族を絶賛するとともに、日本の民族性を「普遍化することも要約することも不可能」と称した。それほど日本は、世界で特異な民族性と文化を持つ国であるといえる。

したがって今でも外国人にとっては、理解し難い難儀な国であるともいえる。

その意味で日本に定住したり移民としてやってくる外国人は、なかなか日本、および日本人に馴染めず、文化面で衝突する可能性が極めて高いと懸念される。こうしたリスクを冒してまで、ただ単なる一時的な労働力補充のため、多数の単純労働者や移民を受け入れる正当性はない。残念ながら、かかる観点から多数の外国人受入れが、日本社会の将来に深刻な問題を引き起こすことを真剣に考えている人は極めて少ない。

目先の経済的利点のみに目がくらんでいると、将来とんでもない日本の社会崩壊を招く可能性に気付かなくなるのである。

五、日本人の律儀さは人間関係の基本だ

欧米や南米に駐在した経験のある人達が口をそろえていうのは、彼らの日常生活でのいろんな面でのいい加減さであり、日本社会の律儀さと規律性という点である。

たとえば電気品が故障し、修理を依頼しても約束した日や時刻に殆ど来たためしがないと

いう。南米の人が日本に観光に来ても、新幹線やバスに乗り遅れることがしばしばあり、旅行代理店泣かせであるという。南米では列車やバスが定刻どおり発車するなど例外で、三〇分や一時間遅れるのは当たり前となっているためである。

数年前、ＪＲ西日本鉄道の宝塚線で列車の大事故があったが、その原因が定刻より二分ほど遅れたため、それを取り戻そうとして運転手があせってスピードを出しすぎたためであった。それを聞いて、欧米人は呆れ返ったという。イタリア人などは約束に遅れてくるのは当たり前で、遅れてくる人間も、待たされる側の人間も極く当然のこととして謝りもしなければ文句も言わないようだ。要するにお互い様と思っているらしい。

それに較べ大部分の日本人や日本社会が、約束を守るという点に於いては世界一だという人もいる。この日本人社会の規律性や正確さが日本社会の安定性の基になっていると思われる。このような日本社会に慣れていると、欧米や南米のいい加減さに頭にくる人も多いが、一方、このルーズさにほっとするという人もいる。ズボラな点がある方が人間性に合っていると感じる人もいる。

この日本人の律儀さが日本製品の信頼感にもつながっているという説もある。日本人はキメ細かに、全ての点で一切手を抜かず、細部にまで気を配って製品を作るために完璧な製品ができていると外国人は見ている。

よく聞く話ではあるが、アメリカや中国へ進出した日本の自動車メーカーは、バンパーの裏まで磨くことを現地従業員に指示するため、現地人はその意義がなかなか理解できず強く反発するので、日本から派遣された社員はそれを納得させるために大変苦労するという。現地人が言うのも一理あり、真に文化の違いというしかない。

日本製品の完璧さは日本人の律儀な精神の賜物であろう。京都大学の鎌田東二教授は、この日本人の物づくりの律儀さは、もともと天皇家の御用達とか神社仏閣への奉納文化によるものであり、失礼にならぬよう最上の物を奉ずる、奉納するという精神から、日本人のクリエイティビティは細部に向かうようになったのではないかと分析しておられるが、興味深い考察である（月刊誌『ＶＯＩＣＥ』二〇一〇年九月号）。

日本社会の人間関係に於いても、この律儀さという自己規定性こそ信頼関係の基本であり、当たり前のことではあるが、これをないがしろにすると信頼を失うことになる。これも人間学の重要な一面であることを忘れてはならない。

第八章　教養としての隣国文化を理解せよ

一、隣国文化をよく知ることが重要

日本はアジアという地理的環境から、古い昔から中国や朝鮮とのつながりが強かったために、これらの国から漢字や儒学等いろんな文化や律令制度等の政治制度を取り入れ、それを日本流に咀嚼して独特の日本文化を造り上げてきたのは紛れもない事実である。即ち、そっくりそのまま取り入れたのではなく、それを日本流に変えていったのも多い。また、中国の官吏採用システムの「科挙」のようなものは朝鮮は取り入れたが、日本は取り入れていない。要するに、日本独自の判断と方針で取捨選択してきたといえる。

その結果、世界八大文明圏の一つとしてアジア文明圏と異なる独特の日本文化文明圏というものを日本一国で築き上げたのである。そのような例は世界にはない。にも拘らず大部分の日本人は、同じアジア人であり、顔も似ており歴史的なつながりから中国や朝鮮は日本とよく似た国と誤解している。

しかし、詳しく見てみると、それぞれの民族性やメンタリティー、宗教、物の考え方は想像以上に異なっている。いろんな面に於いて、彼らと日本との距離感は日本とヨーロッパよりははるかに遠いという学者もいるほどである。この事実をよく理解していないために、戦後六十年以上経っても中国や韓国との関係が決して良好とはいえないのは一体なぜなのか、その真の理由が理解できない原因の一つといえる。最近の尖閣諸島の日中の衝突にみる両国の対応の違いにみる如く、理性と道理を思考の中心軸におけるか否かなのだ。

こちらが誠意を尽くして付き合えば、やがて相手も理解してくれるであろうなどという考え方は、かなり甘いといわざるを得ない。むしろ、いろんな違いからもともと無理なものは無理と割り切り、距離を置いて付き合った方が却って良いのではないかと思われる。勿論、最近マンガやアニメといったサブカルチャーや、或いは、ファッション雑誌や映画の影響で、多少お互いの理解は深まったようにみえても、民族の本質的なDNAなど短期的にそう簡単に変わるものではない。お互いに理性というものを中心軸に置くことができず、損得感情や感情論が優先するような場合は、良好な関係を長く保つことが難しいことは人間の長い歴史が示している。

そこで、隣国の特徴や民族性をよく理解しておくことが先ず何より重要であり、いろんな専門家の意見を参考にして、日本との相対比較的に以下考察してみたい。

（1）韓国と日本の文化と風土の違い

在日韓国人で拓殖大学教授の呉善花氏が日韓の文明、文化の差について、極めて的確に鋭く論述されているので、少し長くなるが、次に要約、列挙して紹介する（二〇〇九年四月『致知』致知出版社)。

・人間関係については、韓国で一番大切なことは距離感をなくすこと。自分と気が合うと思えば初対面でもすぐベタベタしていき、相手の家に行った時、台所の冷蔵庫を開け、勝手に中のものを食べ、友人の机の上にボールペンがあれば日本人とは違い所有者に断りもせず黙って使う。また、初対面でも個人的悩みをすぐ打ち明ける。

・日本人は親切で優しいが「内面に入ろうとする」と、なかなかオープンにしない。中国人や韓国人は、これを日本人の人種差別と誤解している。しかし、しばらく経つとそれが差別ではなく、「距離感の在り方」や「価値観」の差によるものと理解出来るようになる。

日本人は距離感をおきながら長くて淡い関係を続けたいと思っている。中国人や韓国人同様に、西洋人もこれが理解出来ず「日本人ははっきりものを言わないし、何を考えているのか分らない」と悩む。

・日本では男であっても、小さなコップや食器類の選び方、あるいは料理に対してもいかに美しくおいしく作るかに興味を持っているが、こうした発想は中国にも韓国にもない。儒教の影響で細かい所に気配りするのは女性で、男性は大まかでなければならないと考えている。また、朝鮮ではなよなよした男前のやさ男より、力強いマッチョな男が尊敬されるため、日本での韓流ブーム「冬のソナタ」の主演男優のモテ方にはクビを傾げている。

・儒教文化圏やキリスト教文化圏の人間は、「どんな生き方が正しいか」というと倫理的、道徳的に生きようとする。そのため「悪い人間だ」といわれることを一番嫌う。

日本人にも「倫理的、道徳的に」という枠組みもあるにはあるが、それより「どんな生き方が美しいか」により重点を置いており、それを理想としている。そのため、「悪い人間」といわれるより「みっともない人間」といわれることを嫌う。

・韓国に限らず儒教文化圏やキリスト教文化圏では、人為的なものが理念的に正しい形であり、人工的に左右対称でピカピカ輝いているものが美しい。

即ち、自然から離れたものほど美しく高度な文明だと考えている。韓国人が「美しい」とする食器は、戦前は真ちゅう、戦後はステンレスである。韓国人が日本の家庭に招かれ、食事の時に日本人家族が漆塗りのピカピカした箸を使っているのに、お客の韓国人にはザラザラした新しい割り箸を出されると、馬鹿にされたとギョッとするのだそうである。また、鍋物の場合でも各人が取り皿を使わず、直接鍋に各人が箸をつけてグチャグチャに混ぜて食べるのが韓国式だそうだ。

一方、日本は、こんなものは「品がない」と考えている。日本人が「品がある」とみているのは、有名な陶器などに多いが、それは「わび」「さび」「もののあわれ」「粋」、あるいは不均等や未完成なものに価値を見出している。外国人はピカピカしたものでなければ良いとは思わない。言い換えれば、日本の美意識が世界的にみても独特なのである。

一方、社会も全体のバランスが、左右対称のピラミッド型になっている。王様を頂点とした中央集権国家の時が一番うまくいくとみている。家庭でも同じで、父親―長男―次男―母―長女といったバランスが重要で、目上の人を大切にしていく。

韓国にも中華思想の影響があり、中国から離れていくほど野蛮で未開国とみており、韓国では中国が父親で韓国が兄、日本は弟とみている。その弟が経済大国になっていることが我慢ならないのである。そのため、日本文化や日本の食事に馴染むことを恥としている。

・日本人の自然信仰、あるいは自然に対する意識は世界に例をみない。これだけの経済大国がなぜあんなに自然を拝むのか。自然を拝むなど未開人のやることだと、これがまた、韓国人が日本人を侮蔑する一つの要素になっている。

儒教にもキリスト教にも自然崇拝の精神はない。それは人間だけが選ばれしものとの発想があるからである。その発想から日本人を見ると、理解出来なくなるのである。

・日本はインドや中国、韓国でなくなったものが全て残っている国ではないか。「一種の重ね着文化」ともいえる。

自然信仰のうえに仏教思想や儒教を着て、さらに近代科学と近代文明の衣装を着てどれも脱いでいない。その意味で日本は凄い文化を持った極楽浄土の国であり、世界の未来が日本にあり、日本人はそれにもっと自信を持つべきである。

さらに、韓国の儒教文化には「同姓は娶らず」という鉄則がある。同じ本籍地で同姓の人とは絶対結婚出来ない。いとこ同士の結婚など論外で、日本人がよくいとこ同士結婚するというとケダモノだと思うそうだ。韓国では一〇親等までが親戚ということになっており、これら夫婦や兄弟も含めた親族一同の面倒をみるとなると大変なことで、これが韓国に多いワイロ事件の遠因になっているとみる人もいる。長幼の序の上下関係の厳しさは日本の比ではない。たとえば、親や長男の前では絶対にタバコを吸うことは許されない。また、儒礼を重んじ、他人の前では絶対に裸にはならない。

・世界の言語の中で、日本語と朝鮮語は最も敬語が多いといわれているが、なぜかその使い方は正反対である。朝鮮は徹底した儒教社会であるため、他人より身内をたてるために敬語を使う。

分り易い例でいえば、家にいる時に父親に電話がかかってくると、「今、うちのお父様におかれましては、いらっしゃいません」と答える。日本のように、「今、父はおりません」といえば、大変生意気な言い方になるらしい。

また、前述の如く朝鮮語には日本語のような受身表現が少なく、「女房に逃げられた」「泥棒に盗られた」、「見られて恥ずかしい」といった言い方は絶対にしない。受身表現には、自分にも責任の一端あると認めてしまうことになると考えるからだ。朝鮮人は一般に自分が責任を負うような言い方はしない。すべて相手が悪いとする感覚は、中国人とよく似ている。

朝鮮がかつて日本に併合されたのも、一〇〇%日本が悪いのであって、外国につけ入る隙を与えた自国にも責任の一端があるとは決して考えない。つまり、日本人はすぐ反省するが、朝鮮人は反省しないのである。

更に、新日本製鐵の韓国哺項製鉄所（ポスコ）協力プロジェクトの総括責任者として長く韓国に滞在し、韓国朴大統領から勲章を授かり、その後、日本プレスコンクリート株式会社（ジオスター）の社長となられた有賀敏彦氏は、ある講演会で日本人から見た韓国人や韓国社会の特徴を次のように総括されている。

①韓国人は未だに儒教朱子学の呪縛から抜け出すことができず、「孝」が最高の徳目で、家宝は族譜、同族の家長は先祖の祭祀を欠かすことは許されない。

②男子の名前は親も自由につけられず、陰陽五行の法則によって世代ごとに木、火、土、金、水の順に定められた字を名前に付けなければならない。

③日常生活の在り方まで、儒教礼式が定める冠婚葬祭や食事の作法、長幼の序、男女の別、尊敬すべき人物像はソンビである（ソンビとは韓国語で、学識が優れて行動と礼節があり、義理と原則を守り、権力と富裕栄華を貪らない高潔な人柄を持った人に対する呼称である）。

④国よりも、血族、地域社会が優先、公私の別を弁えない。

⑤韓国は儒教の正統「小中華」、日本は「華」の辺境にいる亜流、儒教の礼を知らない野蛮人、この野蛮人に三十五年間国を奪われた。ただし、欧米人には寛容。

⑥日本人の倫理観の根底にも儒教の教える「仁義礼智信」がある。だが、韓国の儒礼とは無

縁のもの。

⑦権威への疑問や好奇心は罪悪、「五千年の歴史に培われた我が民族」と誇らしげにいう。だが、韓国の最古の歴史書は十二世紀に編まれた「三国史記」である。伝説や神話と歴史を混同している。理論が飛躍するが誰も疑問に思わない。

⑧自己主張が強く異説を聞く耳を持たない。逆に日本人は配慮や気兼ねが強すぎて、言うべきことを言わない。

⑨喜怒哀楽の情を表に出すことを恥としない。感情が昂ぶると逆上する。

⑩職業には貴賤の別がある。「士農工商」は今も生きている。体を使う労働は卑しまれる。父子相伝の技とか「老舗」は存在しない。

このように生活習慣や文化的にも日本とかなり異なっているばかりでなく、政治、経済的にも反日国家である。それは人工の反日であり、李承晩以来の反日教育の成果と、強すぎるマスコミ扇動によるものである。また、日本に対する優越感と、これの裏返しと病的とも言えるナショナリズムの高揚感がある。反日を唱えれば愛国者で、親日家は売国奴といわれる。これらの反日で得るものは、国民の反日の熱気が盛り上がると、国内問題は忘れられるというメリットがある。

反日の資源は、強制連行、慰安婦、教科書、歴史認識、総理の靖国神社参拝とあり、日本への謝罪要求は歴代大統領の通過儀礼のようなものとなっている。それは日本人の自虐史観による贖罪意識、弱気、気兼ね、配慮を見通した上のことである。しかし、韓国経済は日本なくして成り立たないのも事実である。

以上述べたように、これほど近い国でも文明、文化や生活習慣には大きな差があり、日本とはまったく異質の国であり、この違いは、十二世紀以降全く異なる歴史を経た両国文化の問題である。話せば理解できるものではない、キリスト教国とイスラム教国との相克にも似ている。近い国と思うと些細な違いも気になって、優越感や蔑視につながる。日韓両国人とも相手は完全な異国、外国と思って付き合うことが、相互理解の第一歩であろう。これは中国についても同じ事がいえる。大陸アジアから多くの人が移民その他で日本へ流れ込んできた場合、これを乗り越えて融和していくのは並大抵のことではあるまい。

以上のような理由で、日、中、韓をよく理解している専門家は、日本、中国、朝鮮人が同じアジア人だという幻想を決して抱いてはならないと警告している。似ているのは表面上だけで、メンタリティーや物の考え方では欧米人以上に我々日本人と異なっていると心得ておいた方が無難であると。このことが分かっていない日本人が実に多い。いずれの国に於いても、文化摩擦は根深く避け難いのである。漢字や仏教が中国や朝鮮から渡来したから文明文化も同じものと錯覚してはならない。

(2) 日・中・韓は一つになれない

中国、韓国文化や歴史に詳しい京都大学大学院准教授の小倉紀蔵氏は、近著『日中韓はひとつになれない』(角川 one テーマ21)の中で、次のような主旨を述べている。

本来、東アジア諸国(中国、韓国、ベトナム、日本)が、互いに理解しあうことは極めて困難であり、それは理解しようとする真面目な取り組みが各国においてなされていないためであると指摘している。

また、昔から東アジアは儒教というイデオロギーが浸透した地域で、人間の本性を善とみるか悪とみるかという儒教的な世界観が支配している。歴史的に少し考えてみただけだと、逆ではないかと思われる面もあるが、中国、韓国、ベトナムは性善説が強く、日本は性悪説に近い。

性善説は他者に対し、一切寛容を許さない極めて危険な厳格主義的思想である。「人間は全て善である」との信念のもとに、「人間は善でもあり悪でもありうる」という考え方とは異なり、性善説は徹底的に他者に干渉し、父権主義的に他者を善に導こうとする。他者にとっては余計なお世話なのだが、相手は「善」という信念の権化となっているので聞く耳を持たない。

かくして性善説の支配する地域では、構成員は互いに自己が善であり、他者が不善であると規定し、しかもその不善の存在を放っておくのではなく、善なる状態に戻そうと干渉することになる。ここに激しい道徳性奪取闘争が国境を越えて展開されるようになり、この善を巡るへゲモニー闘争は熾烈を極め、しまいには決裂になる可能性がある。

小倉氏の論でもわかるように、要するに、日本は東アジア諸国と異質の国であり、このように基本的道徳規範の異なる国や国民と仲良くなるのは、そうたやすいことではない。

この考え方の違いが中国人や朝鮮人が日本を嫌う理由の一つになっている。

二、中国人の身勝手な行動

(1) 決して相容れない隣国

欧米のホテルマンが外国人客を評価した結果がある（「エクスペディア」二〇〇八年、図2）。一番好かれているのは日本人客で、その理由としては、礼儀正しく、清潔で、静かで、苦情や不満が少ない点が評価されているためだ。一番嫌われているのは中国人で、中国人客が上位に入るのは今や公知の事実である。

個別には立派な中国人もたくさんいるが、なぜ一般的に中国人客が嫌われているのか、日本人を含む諸外国の意見には次のようなものがある。
・公徳心がなく自己中心で他人への迷惑を考えない。
・大勢で所構わず大声でワイワイ騒ぐ。ホテルでも早朝から廊下で大騒ぎし、他の宿泊客の

図２　エクスペディア・ベストツーリスト 2008 より

（総合）

ベスト		ワースト	
1位	日本人（２年連続）	1位	中国人
2位	イギリス人／ドイツ人	2位	インド人
3位	カナダ人	3位	フランス人
4位	スイス人	4位	ロシア人
5位	オランダ人	5位	メキシコ人

（項目別）

項目	日本人の順位	ベスト1	ワースト1
行儀の良い旅行者	1位	日本人	インド人
礼儀正しい旅行者	1位	日本人	イタリア人
部屋をきれいに使う旅行者	3位	ドイツ人	イタリア人
ホテルで騒がしい旅行者	1位（静か）	日本人	ロシア人
現地の言語を話そうとする旅行者	ワースト2位	アメリカ人	ロシア人
現地の料理に興味を示す旅行者	ワースト2位	アメリカ人	メキシコ人

※オンライン旅行会社のエクスペディアが、世界各国のホテルマネジャーのアンケート調査をもとに集計（竹村健一氏著『変わる世界で日本はこうなる』より引用）

睡眠を妨害する。

・平気で所構わず唾やタンを吐く。

・列に並ばず、平気で横から割り込む。

・バイキング料理でも自分の食べる二倍、三倍の量をとり平気で多量の食べ残しをする（ホテルにとってはたまったものではない）。

・部屋は散らかし放題で、ホテルの浴衣やタオル等の備品を平気で持ち帰る。

・スリッパを履いたまま、畳の上を歩き回る。

・禁煙場所でも平気で喫煙し、吸い殻をポイ捨てする。

・用便後のトイレを流さない。

・お風呂では身体を洗わずに湯船に飛び込む。

・集合時間を守らない。
等々、散々の評価である。

そもそも中国人には、旅行マナーという概念がないといわれている。もちろん、我々日本人も数十年前は行儀の悪い旅行客と西洋人から軽蔑されていたのも事実であり、こうした点は民度レベルの向上と教育によって、ある程度改善されるものかもしれない。

(2) 世界中で嫌われている中国人移民

中国人の場合、旅行客だけではなく、中国人移民についても各国で一番嫌われていると耳にする。その理由は、ホテルでの中国人の行動と一致するものが多い。

同様に、中国人は移民先でも自国民だけの治外法権的なコミュニティー、いわゆるチャイナタウンを造る傾向が強い。先般もイタリアのローマやミラノで、このチャイナタウンの住民と地元イタリア人との衝突があり、現地では大きな社会問題となった。

二〇〇九年四月号の月刊誌『WiLL』誌上では、ノンフィクション作家の河添恵子氏が「世界の嫌われ者、中国系移民が増殖中」というリポートを発表した。カナダを中心とした世界各地における中国人移民の見るに堪えない言動を、詳しくリポートされ、中国人移民の一般的生態の真の姿が、実に見事に浮き彫りにされている。善良なる中国人にとってはたまらぬ話であろう。河添氏のリポート要旨は次の通りである。

・カナダは慢性的に人材不足のため、基本的には移民歓迎である。しかし、中国人の移民申請の三〇％以上が大嘘で、卒業証書や収入証明に至るまで「偽造書類作成が朝飯前」のツワモノどもとの攻防戦での、多大な労力と税金のムダ遣いに批判が高まっている。同時に治安も悪化し、チャイナタウンの膨張に白人系カナダ人は眉をひそめている。それにより、その町から出て行く白人も多い（これはアメリカのカリフォルニアその他の地域で見られる黒人進出と白人退避によく似ている）。
・交通規則を守らず、交通事故が増加した。賄賂を渡し免許証を買う犯罪が横行している。信号無視で事故を起こしても、嘘の証人を立て「信号は青だった」と言い張る。
・「トイレ問題」も増えている。客の大半を中国系が占めるテナントビルでは、便座に靴跡があったり、使用後も流さないので異様に汚い。
・中国人によりビジネス環境が悪化している。偽札や偽造カードで支払われる事件が多発し、偽札鑑定機を入れる店が増えている。また、中国系業者へパソコンを修理に出すと、まがい物の部品と差し替えられるリスクがある。
ニュージーランドでは、中国人の多いビルのエレベーターは薄汚れ、タバコの吸い殻が散乱し、やがて白人たちは耐え切れず出て行く。
・「税金泥棒」ともいわれている。なぜなら、母子とその両親はカナダで暮らし、夫は中国で稼ぐパターンが多く所得税を納めない。税収で貢献もしていないのに教育も医療も同等の待遇を受けているためである。夫は無職という虚偽の申請をして生活保護を受けている例もある。

・金銭感覚に優れ、不動産投資等で財を成す者が多く、経済に活気を与えるプラス面は認めるとしても、それをベースにやりたい放題で、そのため多くの地元白人の反感を買っている。しかし、学力に優れているため優秀校へ進学するものも多い。

(3) 中国人の拝金主義

以上のように、中国人は移民先の国家に忠誠心を持つこともなく、遵法精神に欠け、美観維持の意識や衛生概念に乏しい。そのため、環境破壊や都市型の集住化はお手の物で、目的達成のための団結力、ディベートとケンカに強い。主張の強い性格で、賭博好きであり、偽装、偽造工作に長けている。

いずれも中国の長い過酷な歴史によって培われた特徴であろうが、国家や政府は一切信頼せず、唯一、信頼できるのは「金」だけという信仰に近い信念で凝り固まっているのである。「お金が神様より上」との超拝金主義で、「人間や自然をめでない」といった中国人のＤＮＡは、世界各国で見られる共通現象である。特にこの金儲けのためなら何でもやるという拝金主義は、日本人の長も忌み嫌うことなのである。

日本では最近、池袋駅北口付近の「トーキョー・チャイナタウン構想」も、地元民の反対で行き詰まっている。「ゴミ出しが滅茶苦茶」「商店街の共益費を払わない」「ケーブルを勝手に引っ張る」「物件を無許可でリフォームしたり、突然退室したりする」「エレベーター内で平気でタバコを吸う」等が反対理由である。現に著者宅の近くに某大学の中国人留学生が住んでいるが、ゴミ出しを地域のルールに従ってやらぬため、毎月多くのカラスが彼のゴミを目指して集まっている。近所の住民は困り果てているが、いくら注意をしてもルールを守らない。留学生といえば単純労働者移民よりインテリのはずだが、それでもこの体たらくである。中国人には「他人の迷惑を考える」という道徳概念が元々ないのではないかという人もいるくらいである。これでは世界各国で嫌われるのは当然であろう。

中国人は「上に政策あれば下に対策あり」と、法律を曲解したり悪用したり無視することが得意な人種であることは、つとに知られている。こうした人種がたとえば移民として日本に定住し、その数が増大した時、いかなる事態が発生するか。それに正反対の民族性を持つ日本人が耐えられるのか。よく考えておかねばならない。

以上に述べてきたような非常識な言動は、必ずしも中国人のみに限られた訳ではないが、特に中国人に顕著である。失礼ながら、この様な人種は日本に受け入れないのがベストの方策といわざるを得ないのではなかろうか。

これら中国人のマナーの悪さや道徳概念の欠落、「中国こそ世界の中心」という中華思想に基づいた外国文化への無理解等については、著者自身、中国民族の生まれ持つＤＮＡで、どうにもならぬものと思っていた。しかし、最近、必ずしもそうではないという人もいて救われた気持ちになっている。

著者の友人の奥さんが中国人で、日本に長く住んでいるが、中国人の不祥事やマナーの悪さが報道される度に、中国人として恥ずかしいと常に顔をしかめているという。彼女の友人の中にも同じ思いの中国人も数多くいるとのことだ。こういう思いの人が増えれば、中国人との快適な付き合いも将来可能になるかも知れない。日中両国民のためにかかる日の早期到来を希望したい。

(4) 日本人を蔑視する中国人、韓国人

中国人も韓国人も文化的歴史の流れや、永年にわたる反日教育の影響で、多かれ少なかれ「日本人はそもそもが野蛮人」とみている。文化レベルは彼等の方が上とみているのである。特に五〇〇年にわたる李王朝時代、一時は儒教研究レベルで中国を超えたといわれる朝鮮から見れば、日本は儒教の儒礼がきちんと行われていない国、即ちそれは文明がない国だとみているのである。

古来、中国人は自らを「華人」と称してきた。「華人」とは、「文明人」という意味である。「中華」とは、世界唯一の文明という宣明である。「中華」といった途端におのれ以外は全て野蛮人ということになる。自分以外は皆、野蛮（夷）、これをもって華夷秩序という。文明国は

一字であらわす。即ち、漢であり、隋であり、唐である。歴代中国王朝は一文字であり、野蛮国は二文字。たとえば、匈奴、鮮卑、契丹、突厥、そして日本。ひどい場合は、ムシヘンやケモノヘンやサカナヘンの国名もつけている。日本を倭国といったのは、まだニンベンがついているだけましな方らしい。

彼らに言わせれば、正しいのは常に自分であり自分がいつも一番である。中国は今も昔もこの考えは変わらない。この点においては韓国、北朝鮮も同断である。中国の歴代王朝に従属してきた朝鮮人は、宗主国たる中国の「中華」に倣って、自らを「小中華」と称してきた。「李氏朝鮮」(李朝)にしてからが、その国名を中国(明)からもらったものである。その後、年号や制度(たとえば人材選別の科挙の制度)もみな明(中国)と同じで、そんな体制が五〇〇年ぐらい続いたのが朝鮮半島なのである。

従って、彼ら朝鮮人も宗主国に倣って東海の小島の日本を「東夷」と見下してきた夜郎自大な国なのである。

三、難儀な隣国との関係

(1)同じアジア人という認識は錯覚

私たち日本人は、前述の如く漢字や仏教や儒教が中国や朝鮮からもたされたため、何となくこの三国は、同じメンタリティーや文明文化を保持していると、多くが錯覚している。日本は中国や朝鮮とは異なる独自の文化圏を形成しているのである。たとえば、中国人と英国人と比べた場合、日本人はより英国人との共通の項目が多い。それは遵法精神とか公徳心、あるいは自然や人を愛するといった点にある。あるいは、武士道と騎士道の共通的ノーブレスオブリージュといったメンタリティーといったものかも知れない。リーダーたる者、高貴な精神を持ち卑怯なことをしてはならないといった武士道と共通した部分がかなり多い。しかし、中国人や朝鮮人にこのような部分は殆んど見受けられないように思われる。

中国人留学生その他に聞いてみても、大部分の者は老子や孟子のことなど殆んど知らないし、論語など読んだことがないという。金儲けには極めて熱心であるが、そうした道徳観にはほとんど興味がないようだ。

いつまでたっても日本を弟分と見倣し、軽蔑し、過去の日本のことを非難し、反日教育を続ける彼らとは、永遠にとはいわぬが、今後一〇〇年ぐらいは仲良くなれないと、そろそろ日本人も悟らねばならない。結局彼らとは距離を置いて付き合う以外にないと腹を決めるべきで、やがてお互いに理解し合える筈などと、女学生のような甘い幻想を抱いていると、とんでもない結果を招く。その意味でも彼らの移民や単純労働者受け入れには慎重の上にも慎重でなければならない。それに関連し、「難儀な隣国との関係」と題して数年前某紙に発表した著者のエッセイを改めて紹介したい。気のない相手の男女の片思いの様なことはいい加減に止めるべきというのが主旨である。多くの人からよくぞ言ってくれたと強い賛意を受けた。最近の尖閣諸島問題の中国の対応はよき例であろう。

著者は三十年近く海外貿易に従事していたため、隣国の中国や韓国にも数え切れぬほど訪問し多くの友人も持っている。従って、基本的には決して反中でもなければ反韓でもないし、偏狭なナショナリストでもないつもりである。また、敢えて、隣国と事を構える必要など更々ないと考えるが、しかし、甘い期待など持たず、現実は現実として、冷静・冷徹に客観的に相手国を理解しておくことが、いつの時代でも重要なことであることには変わりはない。

(2) 懺悔と反省から過去は過去へ

随筆家の山本夏彦氏は自著の中で「英国の小・中学生用の全ての教科書で、英国人が世界中に領地を持ったのは、南アフリカでは首長に懇望されたためであり、エジプトでは王様の苦しい財政を助けるためであり、インドではインド人の幸福を願ったためであると教え、学生は皆信じているという。あまりの事に外国人は笑っても英国人は笑わない。これを笑う中国人も、石油が出るとなった途端に尖閣列島は自国領だといい出す始末である」と。いずれの国も国益のためなら何でもありなのだ。

一方、アメリカの教科書でも、インディアンの大量虐殺やハワイやフィリピンの略奪のことは、殆んど触れられていない。いずれの国も、反省は必要だが、国益と自国民の尊厳を守り卑屈化を防ぐため、自国の非を隠そうとするのは、個人の場合と同様であり当然のことである。昔から、いずれの国の非を暴くのは外国人と相場は決まっている。それに対して日本では、お人好しで愚かな日本の一部の学者や左傾メディアが、外国人でもあるまいに、正義と良心の権化となり、教科書問題や南京事件にみるごとく、これでもか、これでもかと、自国の非を言いつのっている。外交上不利になるようなことは、自国民自身が絶対言ってはならぬことなのだ。

藤原正彦氏は、人生相談で、過去に悩む人に「いかなる過去であれ、それを肯定せずして、力強く将来を生きることは出来ない」といわれている。個人も国家も、長い歴史には必ず光と影の部分とが存在するものだ。いつまでも影の部分にこだわっていると、前に進めない。自国の悪口を快事とするのは、隣国への迎合と世辞以外の何物でもあるまい。

中国に長くいた人の話では、中国の学校では「人に騙されるな」と教えるらしいが、日本では「人を騙すな」である。北京にいた友人が犬屋で、白と茶のプチ犬を買ったら、暫くして雨が降ったら、真っ白い犬になってしまったという。文句をいうと、そんな文句をいいに来たのは、お前が初めてだと。中国では「騙す人間」が賢いのであり、「騙される人間」がバカであるという考え方が徹底しているためか、中国の新聞で、日常茶飯事の詐欺事件など報じられたことがないらしいが、日本は連日である。振込め詐欺事件など中国ではあまり考えられない。

日本人は世界でも稀なるウブでお人好しの民族であると、世界中からバカにされカモにされていると思って間違いない。たとえば、安保理事国でもなく、発言力もない日本が、英、仏、独、露、中の総額より多くの国連分担金を文句もいわず払い続けている。米国も議会の反対等で滞納しており、日本も然るべき口実をつけて、この不当な支払額について国連の運営に支障を来たすほどゴネ、それを第二国連の創設の糸口にするほどでなければなるまい。また、感謝もされない中国に多額のODAなど論外というものだ。戦争賠償金放棄の代償というが、放棄したのは日本の要請によるものではなく、事情のあった中国自身である。終戦とともに、多くの日本人や日本政府、日本企業の資産が中国に接収され、その額は約五兆円以上との試算もある。

日本の教科書問題や南京事件にみるごとく、中華文明圏の盟主としての、また亜流としての朝鮮の小中華思想のため、及び、意図的な国家政策のために、中国や韓国は、いつまでたっても日本を非難し反日教育を続けるであろう。台湾出身の中国通の作家・金美齢氏は、中華文明圏では格下とみていた日本にやられ、口惜しくてならないためであるという。不思議なことに、アヘン戦争の英国や、独、露の侵略行為に何一つ文句をつけていない。露のモンゴル奪取は、その規模の大きさにおいて、満州の比ではないのにである。自分の文明圏外の国の仕業では仕方がないと考えているらしい。天安門事件、ベトナム侵略、更にはチベットでの残虐行為を全て棚に上げ、日本の過去をいつまでも非難する資格が果たしてあるのか。

同じく朝鮮人は、永年にわたる中国や元の侵略行為に対し、何一つ文句をいわず、日本に対しては豊臣時代にまで遡って非難している。蒙古軍の日本襲来時の対馬や壱岐や福岡における皆殺しに近い残虐行為には、蒙古軍全体の半数近くにものぼる高麗軍も参加していたことを忘れている。日本は個々の兵の例は別として、国家政策として植民地から富を略奪した事例はない。英国の大英博物館は、旧植民地からの略奪品の山であるが、東京の国立博物館では略奪品などお目にかかったことがない。むしろ、植民地の学校や鉄道やダム建設のため、多額の自国の金まで投入したほどのお人好しの国なのである。善意と誠意はやがて通じるなどと、女学生のような甘い考え方は国家間では必ずしも通用しない。

日本は、ハーバード大のハンチントン教授の説通り、中国や朝鮮と同じアジア文明圏には属さず、独自の一国一文明圏の盟主なのだ。英、仏、独等は、それぞれ国民気質は異なるが、底辺にはキリスト教文明という強固な共通基盤がある。中、韓、日には、かかる共通基盤など殆んどなく、上述のごとく国民気質も大違いだ。今や同じアジア人であるなどという幻想はそろそろ捨てるべき時期に来ている。隣国に中華思想や小中華思想の放念を求めても永久に無理であろう。敢えて偏狭なナショナリストになる必要は更々ないが、文明、文化、宗教上殆んど共通性もない異文明圏の人種とムリに仲良くなろうというのは、元々、どだいムリな話であると冷静に理解し、距離をおいて付き合う以外ないと決めるべきだ。戦後日本が中、韓両国との友好回復のために費やした努力が相手国の政治的思惑に利用され、いかに徒労に終わったか冷静にみてみればよく分かることだ。

二十一世紀はキリスト教文明とイスラム文明の衝突の時代といわれている。歴史観や価値観の中心軸に冷静な「理性」というものを置くことができず、損得勘定と感情だけに支配されるような民族や、あるいは、文明圏の異なる国との付き合いは、元々非常に難しいものなのである。

中国が日本に対し謙虚であったのは、日清戦争直後の日本の軍事力が中国を上回ったほんの暫くの期間だけであったといわれている。「力が全て」の国なのである。英国の有力シンクタンクによると二〇〇六年の中国の軍事費は、日本の三・三倍と分析している。日本も過去の懺悔と反省を終え、過去を過去とすべき時期に来ているのではあるまいか。外国人になりかわり自国をあしざまに言いつのり、自虐史観にひたるのはそろそろ終わりにし、将来予想される恐るべき事態に備えるべきである。

四、最近の韓国人の日本人を見る目—震災直後の『中央日報』の社説

日本人の見る韓国人の印象は必ずしもよくなかったが、韓国人の日本人を見る目はもっと厳しい。そのため、親日派とみられる人はすぐ売国奴とさげすまされるのは前述の通りである。

しかし、最近の韓国経済のめざましい発展で韓国人も自信をつけ始め、また、日本の所謂、韓流ブームで日本人に対する印象も、最近かなり変わってきているようである。その証拠に、今回の東日本大震災に対し「日本、がんばれ」の世論が各所で高まり、従来とは様変わりになりつつあると、多くのメディアは伝えている。

その具体的な一例として、従来、日本や日本人に対し極めて厳しい論調で有名な韓国の大手新聞の『中央日報』は、この大地震に関し、日本人との比較で驚くべき社説を掲げているのでご紹介する。従来のような中国人同様「全て相手が悪い」という自己反省なき国民性やメンタリティにも変化が現れてきたともいえる。「人のふり見て我がふりなおせ」という精神的余裕の顕れかもしれないが、この自己を相対化し客観視出来る様になった韓国人の変化を、日本人として大いに歓迎すべきことであろう。

中央日報の社説

全世界が日本の大地震に二度の衝撃を受けている。まずマグニチュード9・0の超強力地震がもたらした残酷な被害だ。巨大な津波で約二千人が死亡し、一万人以上が行方不明となった。宮城県のある村は住民の半分が行方不明になったという。原発も心配だ。日本政府は福島原発周辺の住民二十一万人を疎開させ、海水で原子炉を冷却する非常措置に入った。不純物の混入で原子炉を事実上廃棄する劇薬処方だ。日本列島が連日、地震、津波、原発危機に呻吟しているのだ。もっと驚くのは不思議なほど冷静な日本人だ。死の恐怖の中でも動揺しない。避難要員に従って次々と被害現場を抜け出し、小学生も教師の引率で列を乱さず安全な場所に移動した。地下鉄・バスの運行が中断すると、会社員は会社から支給された緊急救護物品をかついだまま静かに家に帰った。みんな走ることもなく三～四時間ほど歩いた。翌日はいつも通り会社に出勤した。想像を超越した大災難と日本人の沈着な対応に全世界が衝撃を受けている。

私たちは大規模な自然災害が過ぎた後に発生する数多くの無秩序と混乱を目撃してきた。昨年二十二万人が犠牲になったハイチ地震がその代表例だ。「地震よりも無法天地の略奪と暴力がもっと怖い」という声が出てきたほどだ。ハイチが開発途上国だからというわけではない。〇五年にハリケーン「カトリーナ」が襲った米国のニューオーリンズでも暴力と腐敗が相次いだ。こうした記憶のため、日本人の冷静さがよりいっそう引き立って見えるのかもしれない。惨状を前に泣き叫ぶ日本人はほとんど見られない。地震の混乱に紛れて強盗や殺人事件が起きたという話も聞こえてこない。テレビの画面は、列に並んで救護食品を受け取ったり、売店の前で静かに待った後、必要な分だけ購入していく風景ばかりだ。

ただ地震が頻発する日本の地理的特殊性だけでは、こうした現象をすべて説明することはできない。徹底した耐震設計と速い警報システムが被害を減らしたのは事実だ。徹底した事前教育と避難訓練も間違いなく力になっている。一つの国の真面目も大事件を迎えてこそ表れる。

それがまさに国民性だ。全身が凍りつくような恐怖の前で、日本人は落ち着いた国民性を遺憾なく発揮している。一九九五年の阪神・淡路大地震当時、意外にも二〇％ほど円高が進んだ。日本の国民性を誤って判断した海外投資家は痛い目にあった。最近の円高も国際金融市場が災難の前で団結する独特の国民性を看破したためだ。

日本人は沈着な対処で阪神・淡路大地震を乗り越えて自ら立ち上がった。今回の大地震の傷もいつか治癒されるものと信じる。むしろ私たちは日本を見て、韓国社会の自画像を頭に浮かべる。災難現場でテレビカメラが向けられれば、表情を変えて激しく泣き叫ぶことはなかったか。天災地変のため飛行機が少し延着しただけで、一斉に大声で文句を言うことはなかったか。すべての責任を無条件に政府のせいにして大騒ぎしたことはなかったか。隣国の痛みは考えず、韓国に生じる反射利益を計算したことはなかったか……。私たちは自らに厳しく問う必要がある。また災難と危機の際、韓国社会の節制できない思考と対応方式を見直す契機にしなければならない。私たちは依然として日本から学ぶべきことが多く、先進国へと進む道のりも遠い。

韓国人が驚いた。

（1）待避所の譲歩　うどん一〇食、五〇人が「お先にどうぞ」

（2）人のせいにしない　恨んだり抗議する姿はテレビで見られず。

（3）災害で手を取り合う　議員ら政争中断、作業服着て現場へ。

（4）落ち着き冷静　日本全域で略奪報告1件もない
（5）他人をまず考える　「自分が泣けば、もっと大きな被害者に迷惑かかる」
「お先にどうぞ」「いえ、まだ大丈夫です」

マグニチュード九・〇の大地震と十メートルを越える津波が東日本を襲った後の十一日午後六時、秋田県秋田市のグランティア秋田ホテル。停電で暗黒に変わったホテルのロビーでは奇異な場面が演出された。

ホテル側が、「電気が来るまで宿泊客を受け入れられない」と案内すると、すぐにロビーに集まっていた宿泊予約客五〇人余りが静かに列を作り始めた。誰も何も言わないのに老弱者らを前に入れた。暗黒の中に一筋の列ができた。順番を争う姿は一切なかった。しばらくしてホテル側が、「停電で夕食を提供できない」として緊急用にうどん一〇皿を持ってきた時だ。うどんに向かって駆け寄るどころか、誰もが他の客の空腹を心配して後に後にうどんを回す〝譲歩のリレー〟が続いた。被害が最も大きかった宮城県・岩手県をはじめ、日本全域で人のない商店で略奪行為があったというニュースはまだ一件もない。

宮城県北東部に位置する南三陸沿岸地域。

集落の大部分が消え、火災で黒く燃えた森の跡だけが残っている。津波で陸地に打ち上げられた船舶は船尾を空に向け逆さまに地面に打ち込まれている。今回の地震で最大被害地域のここでは、〝行方不明者一万人〟といううわさまで出回る。しかし大声や怨みの声は聞こえない。

避難所に集まった一〇〇人余りの住民らは日本のメディアとのインタビューでも低い声で、「早く復旧するよう願うだけ」としながら〝明日〟を話す。誰のせいにもしない。足りない水と毛布を分け合ってお互いを慰める感動的な場面が電波に乗っている。

日本赤十字社組織推進部の白田氏は十三日、「個人と企業から寄付と救護物資が殺到している」と話した。政府に向かっていつも吠えていた野党議員らも作業服に着替え、国を救うために裸足で出てきた。危機の際に手を取り合う共同体意識は日本社会の底力だ。

韓国で災害報道をする時に犠牲者を取材するのは普通だ。遺体が安置された葬儀室と病院の姿が時々刻々と現れる。しかし日本の大地震報道で日本メディアは違った。津波で家屋と車両が押し流される場面がテレビにしばしば映るが、どのチャンネルでも津波に巻きこまれる人の姿は見られない。〝死んだ人もこの世に残る〟という日本人特有の死生観のためだが、泣き叫んだりしくしく泣く姿もなかなか画面で見るのは難しい。テレビ朝日のある関係者は、「災害予防のための目的の他には一般市民に大きな衝撃を与える場面は最大限控えるというのが災害報道の暗黙的ルール」と話した。十一日に地震が発生した後、津波警報が解除された十三日明け方まで、すべてのテレビ番組の司会者はヘルメットをかぶっていた。このように地震の規模や被害の規模とは異なり、日本は恐ろしいほどに冷静で落ち着いていた。理由があった。

例えば東京副都心の新宿に位置した四谷交差点にある消防署。十二階建ての建物の十階の外壁には目立つ線が引かれている。この線は地上から高さ三十メートルを知らせる表示だ。そのそばには、「この高さは一九九三年の北海道南西部地震で奥尻島を襲った津波の高さ」という説明がついている。津波というものはいつでも自分に起こりうる問題だということを認識させ、普段の準備が必須ということを知らせるためだ。

日本人は粘り強く一貫した災害対処教育を幼稚園の時から受ける。机の横のフックにはいつも災害に備えて頭にかぶる防災ずきんがかけられている。地震が発生すれば「防災ずきん着用→机の下に待避→運動場に待避→秩序確保」まで目を閉じてもできるほどだ。徹底した災害予防教育は小学校入学後に初めての授業で習う「迷惑をかけるな」という日本固有の精神価値とともに、大型災害に落ち着いて対応するようにする秘訣だ。ここには自身に訪れた境遇を宿命として受け入れる日本人の特性も作用する。

災害にあった日本人が泣き叫ぶことがほとんどないのも、「自分がそうした行動をすれば自分よりも大きな被害にあった人たちに迷惑になる」という極度の配慮精神のためだ。災害現場で見た日本の姿。それは「日本はある」だった。

第九章

「人間力」を磨くサラリーマンの生き方

一、格差社会論ごときに惑わされるな

バブルのはじける前の日本社会は「総中流階級社会」とよくいわれていたが、こんな話は根拠のないことで嘘に決まっている。何を根拠にそんなことがいえるのか。

著者自身も仕事で三十年近く海外各国へ二百回近く出張したり、イラクやクエートにもたびたび長期滞在したり、また、サハラ砂漠の真ん中で三年間プラント建設に従事したり、イラクやクエートにもたびたび長期滞在したが、まさに世はさまざまで、日本という国と日本人というものの特性をより理解することに大変有益であった。何事においても客観化と相対化は冷静な判断に必要不可欠といえる。ちなみに、現在、地域格差や教育格差等いろいろいわれている日本の「格差社会」など、これらの国々に較べればないに等しい。これはいろいろな他国の状況を知っているからいえることなのだ。

最近の「格差社会」の論議に於て、以前に較べ特に違ってきている点は「格差の固定化」と親の資力差による「教育格差」論と思われるが、必ずしも正論とは思われない。

「地域格差」や「気候格差」を含め「格差社会」などはいずれの国に於いても昔からいわれてきたことで、別に新しい現象ではない。「士農工商」などという差別と格差は、いずれの国の話であったのか。現在に於いても、先進国、後進国を問わず外国に於ける差別格差はすさま

じい。これらに較べれば、日本などは殆んどないに等しい。口先では、自由と平等をかかげるアメリカに於ける人種間のすさまじい差別や格差、ヨーロッパや東南アジアに於ける階級格差は、我々日本人の想像以上のものがある。たとえば、アメリカ人の社長の給料は新入社員の一三七倍、一方、日本は九倍といわれている。

かつて共産主義下のソ連人が、日本が一番貧富の差のない世界一の共産主義国と呼んでいた。しかし、「格差社会」など永遠になくなるものではない。それは本来の人間性に深く基づくものであるからだ。その証拠に人間の完全平等を掲げた共産主義が何故七十年余りでつぶれたのか。

人間というものは、生まれた時から格差を求め続けて生きてきている。全て他人より「いい学校に入りたい」「良い会社に就職したい」「早く出世したい」「金持になりたい」等々。人間の努力の根源エネルギーは、多少の例外はあるにせよ、殆んど全て他人より優位な格差を求める強い願望に根ざしている。更に、忘れてはならないことは、人間は生まれた時から極めて不平等に生まれているという厳然たる事実である。容姿、頭脳、ＤＮＡや親の資力等は本人の責任ではない、どうしようもない生れながらの格差なのである。

結局、かかる格差を克服するには、本人の格別の自助努力以外にはあり得ない。かつて、イギリスのサッチャー元首相が疲弊したイギリス経済を立て直すために、「自助努力」の重要性を説き「金持を妬み、金持を貧乏人に引きずり下ろしたからといって、貧乏人が金持になる訳ではない。むしろ、この様な努力と才覚ある人達のオコボレを頂戴する方が社会全体にとってはプラスである」と。

才覚ある人や努力の人を妬んでみても何も生まれないと。

ある時間帯に、コンビニの裏に立てば、賞味期限の切れた弁当などいくらでも貰える現在の日本に、真に食うに困っている人などいない。アフリカの貧困とは訳が違うのである。考えてみればこの世の職業というものは、人々に就職の機会を与えるために存在しているのではなく、社会的ニーズがあるから存在しているのである。そのニーズに合わせる努力もせずに、正社員になれぬのは、全て国が悪い社会が悪いといいつのる甘ったれたニートやフリーターは、このことに気付いていない。また、いい歳をした息子を、いつまでも家で養うバカな親にも大いに責任がある。あるニヒルな哲学者は「人間の誕生などはたまたまの出来事にすぎない。そんなものに大きな存在意義などある筈がない。しかし、生まれてきた以上、人間は生き抜くために悪戦苦闘する運命にある」という。意義があろうとなかろうと、生まれてきた以上自殺する以外皆必至に生き抜く努力は避けられないとの自覚を持つことが必要なのである。

また政治の世界に、与党と野党がいる限り、その時々のマイノリティーや弱者代表として、野党は常に「格差社会」を批判するのはいずれの国に於ても共通している。そのため恰もそれが急に出てきた重大問題と勘違いさせるのである。勿論、本当に気の毒な人々は国家の社会保障制度で救うべきであるがそれは格差問題とは異質の問題である。

資本主義社会は真に格差社会である。しかし本質的には、お金の多寡など高が知れたことで、国家や民族にとって一番憂うべきことは、国民の品性の劣化ではなかろうか。昔の日本人の品性の素晴らしさは、外国人が他の章で詳述する如く、皆絶賛してきた。昔の日本人は貧しくても品性が高潔でお金より品性が重んじられていたということであろう。昔は道徳教育のせいで富の多寡と品性とは別物と考えられていたのではないか。富める者は、他人への思いやり、施し、憐みの情を持ち、武士を含む貧しき人達は、ヤセ我慢の精神を持っていたのであろう。昔の日本人に較べ、最近の日本民族のエリート層を含む品性の劣化は目に余るものがある。それは富者も貧者も上述の精神を失ったからであろう。昔に較べての「品性劣化」による民族力の低下に対してこそ、早急に何等かの手を打たねばならない。これには第三章でも述べた通り、日本のマスコミの著しいレベル低下も大きく影響している。

歴史の示す通り、国が傾くのはお金ではなく、国民の民度の低下によるのである。昔の日本のように、二世代、三世代の同居家族が少なくなり、高い精神と良識を持った高齢者による、家庭内の日本の良き伝統的教育が失われ始めている現在、国家の教育政策は極めて重要である。今後は短期的には実利に向かないが、昔のイギリスの大学のように文学、宗教、哲学、歴史等、人間とは何かという根幹にかかわる教育にもっと重点をおくべきではなかろうか。さすれば品格とか道徳など自ら備わっていくものと思われる。日本の良き伝統文化や礼儀作法も、ロクに身についていない最近の若い親達に適切な子供教育など期待するのはないものねだりであり、これを国家教育でどう補うかが重要だ。かかる重要なことを忘れ、日本語も、日本の歴史も、日本の良き伝統文化もロクに教えることもせずして、小学生に、すさまじいエネルギーを要する英語を教えるなどと、目先に狂った議論など論外であろう。

今からでもまだ手遅れではない。昔の様な世界一品格ある国民と国家を育てるために、今何をなすべきか、真剣に考えるべき時期に我が国は立っているといえる。

リーダーを目指す人たちは、まず格差社会の現状を正しく理解し、表層的な議論に惑わされず、人間社会の本質は如何なるものかを冷徹に見極め、まだ世の中について未熟な若い人達が、己の努力の怠慢を正当化させぬよう指導する必要があろう。

二、サラリーマンは組織の小さな歯車になるな、大きく歯車を廻す側になるべし

昔から「すまじきものは宮仕え」とよくいわれたものだが、これを額面通りに受け取る必要はない。これは見方によっては、むしろ会社で雇われ働いているという安心感の裏返しでもあるからだ。その証拠に、会社を辞めていく者はあまり多くなかった。また同じようなニュアンスで、よくサラリーマンは組織の歯車の一つのようなものでつまらないという人がいるが、こ

れは間違った考え方である。確かにこういわざるを得ない人もいるのは事実であるが、一つ考え方を変えれば、一つの歯車になるのではなく、うまくやればこの歯車を廻す側に立てるという途方もないメリットもあるという点である。

一個人の力や資力は限られているが、既存の組織や企業のもつ多くの有能な人材や資金や看板（信用力）あるいは、生産設備などを上手に使う側にまわれば、大仕事や自分の夢を実現できることである。要するに考え方を前向きにすれば、一つの歯車に過ぎないサラリーマンなどつまらないといった後ろ向きの考え方が間違っているのはよく分かるはずである。大事業を成し遂げた人は、皆優れたリーダーシップと人間力でもって歯車を廻す側に立った人であり、その認識を若い頃から持っていた人である。何事に於いても他人に利用されるのではなく、自分が利用する側に回ることを常に考えている人が勝ち組になるのである。余談ながら、文学の世界に於いて「批評とは、他人の作品をダシにして己の夢を語ること」という有名な言葉がある。それになぞらえていえば「社員は会社をダシにして、自分の夢を追う所」ともいえる。大きな業績を上げようと思う人は、このように前向きにポジティブ思考を心がけるべきである。以上のように考えると、サラリーマンほど楽しい仕事はないのである。この志を忘れなければ、やがて大きな人間力を持つ人材に自然に育つのである。

三、権限は自ら作り出すもの

サラリーマンはよく自分に権限がないので、出来ることは限られているという。考えてみれば、企業や他の如何なる組織に於いても仕事上の権限などというものは、職務上や職責上はっきりあるものではなく、自分が自ら作り出すものだということを認識していない人が多い。組織を引っ張っていこうとする場合、皆が自分に賛同し協力してくれるか否かで、可能になったり不可能になったりするものだ。課長のくせに部長並の力を発揮する人や、部長でありながら役員並の実力を発揮する人はよくいるもので、真に本人の人間力なのである。それは日本人の知識や見識あるいは、胆識、あるいは徳性や人柄といった真に人間の総合能力によって、本来の表面上の職位や職責を超えた人間力により決まるものといえる。

あの人のいうことには間違いがない、あるいは、あの人にはついて行こうといった暗黙の諒解や期待があって、初めて大きな組織や多くの人達を自分の意のままに動かせるものである。これは日頃の良き人間関係や実績があって初めて可能になるのである。

また、前項でも述べた通り、サラリーマンは組織の歯車の一つにならず、その歯車全体を廻す側に立つことを心得れば、自ら職務権限は生まれついてくるものなのだ。

四、社内根回し上手も「人間力」の一つ

組織を自分の目的に合った様にスムーズに動かすためには、人間というものをよく理解していろいろな工夫が必要である。そこで組織や社内根回しについてもう少し詳しく考察したい。

いずれの組織や企業であっても、（一）重要案件（二）緊急案件（三）難しい案件等については、自己の意向通り社内の賛同をスムーズに得るためには、組織内の反対意見を事前に聴取し、妥協案を準備したり、封じ込めたりし、無事自己の目的を達成することが肝要である。これを通常「根回し」というが、そのメリットとしては、

（1）事前に相談することによって、相手を重要視していることを示し、相手の面子を立てる。これを怠ると、本当の反対理由である自分の面子問題を表に出さず、所謂「正論」という理屈でもって反対するケースが多い。

（2）事前に反対意見を聞いておけば、それに対応した修正案を準備することが出来る。

（3）「根回し」は、一種の組織内営業とか、社内営業といわれるもので、これが出来ると出来ないでは自分や自分の所属する部門の業績に大きく響く。

（4）成績優秀者といわれる人たちは、皆この「根回し」や「社内営業」が得意の人が多い。

これを出来る人は、日頃からいろんな部内の人たちや関係者と良好な人間関係を保っているのである。

（5）この「根回し」は決して派手にやってはならない。事前に相談したのは「あなただけ」ということが重要である。真に要領の良い人間は、他人から決して「要領のいい奴」と思われないよう慎重に行動し配慮しているものだ。あいつは要領が良いといわれる人物は、半ば軽蔑されている場合が多い。

（6）根回しをやる場合は、相手の性格的特性を良く見て、対応する人選も含め上手にやる必要がある。人間には二種類あって、知的動機即ち、「理」で動く人、即ち「その目的とか論理性とかその効果」をメインに考える。一方、情的動機即ち、「情」で動く人は、「誰が言っているのか」「誰が相談に来たのか」が動く大きな要素となる。

（7）正論を言う時はやり込められる側に配慮して、感情論に負けぬよう小声で言うべきであるとの格言がある。

一方、根回しのデメリットとしては、

（1）お互いの監視義務を怠る場合が生じる

（2）悪い部分が表に出ない

（3）客観的議論や深堀り議論ができず、会議が形骸化する

（4）人間関係に貸し借りが発生し、将来別件で正論がいえなくなることもある

この根回しは日本特有のものと誤解している人もいるようだが、決して日本だけのものではない。根回しを面適応と言い換えても良い。問題解決や目的達成のためには広く関係者に意を伝えることが重要なのは世界中どこでも変わらない。欧米にも、これを専門とする、所謂、ロビィストと称される人が多数いる。企業の問題もあれば国家間の問題もある。たとえばアメリカ上院では「日本人慰安婦に対する謝罪要求決議案」を提出し、積極的に動いたのは、日系二世のマイク・ホンダ下院議員だが、中国系組織団体から多額の資金援助を受けていたことが後で判明した。オーストラリアでも同様のことが起こった。日本の大手企業もアメリカに多数のロビィストを抱えている。いずれにせよ、この根回しがうまく出来るか否か、真に説得力や論理的説明能力といった人間力そのものにかかっている。

五、上司を上手く利用することが業績を上げる秘訣である

いずれの組織や企業に於いてもいえることだが、格段の業績を挙げている人は、上司の使い方が実に上手いという共通の特徴がある。

それには二つの理由がある。一つは、客先や相手先に自社の地位の高い人を連れて依頼に行

ったり、お礼に行けば、当然相手先はそれなりの敬意や恩義を感じ特別の配慮をしてくれるのは当然のことである。上司といえども同じ社内や組織の人間である以上、いくら利用してもタダである。お礼やコミッションを支払う必要はない、組織内に於いて関与した上司は当然その事柄に精通し、特別の関心を持ち、いろいろと側面援助してくれるようになる。二つ目は、上司であれ部下であれ、人間というものは自分が係わることにより、より興味と関心を持つものであり、他人ごとにはならないというメリットがあることを忘れてはならない。これもまた、重要な人間力の一つにもなるのである。また、上司をうまく巻き込んでおくと、万一、その件が失敗しても社内から批判されることはない。従ってこれは自分を守る手段でもある。

六、仕事は「楽しむもの」　職場は「夢の実現場」

よく仕事が「辛い」とか「しんどい」とかいう人がいるが、それは仕事に対する心の持ちようによるのである。著者などそんなことを思ったことは一度もなく、いつでも仕事が楽しくて仕方がなく、辛いと思ったことなど一度もなかった。個人でなら何をやるにしても限度があるが、大きな組織の場合、多くの優秀な人材と豊富な資金力や高い技術力を駆使すれば、大仕事が出来るからである。前向きに考えれば職場は自分の夢を実現させうる場所でもある。どんな職場にも改善すべき点は大小いくらでもある。それを見つけて一つ一つ改善するだけでも仕事の生きがいになる。仕事に興味もなく、楽しめないようなら業績も上げられず、職業人生そのものがつまらなくなるだけである。

中国に「それを知る者はそれを好む者に如かず、それを好む者はそれを楽しむ者に如かず」という有名なことわざがある。真にその通りであろう。毎日仕事が楽しく、会社へ出勤することが喜びであるような職業人生を送ることを心がけるのも意義ある人生を送るための秘訣である。

七、一流の人物と付き合うべし

長い人生に於いて、学生時代や職業人になってからでも、付き合う人は無数に多い。心から付き合う親友とも呼べる人もおれば、ただ単に仕事の関係から形式上付き合っている人もいる。我々人間というものは、付き合う相手から受ける影響は実に大きい。従って、おろそかに心から付き合う相手を選んではならないということになる。付き合う以上は一流といわれる人物でなければならない。二流、三流の人物と付き合っても、自分を取られるばかりで得るものがない。しかし、一流の人物と付き合うということは、自分もそれに相応しい一流の人物になっていなければ相手にしてもらえないのである。友は類を呼ぶといわれるが、付き合う相手によって自分も同類項になるということになる。

渡辺昇一氏は、一流の人物について語っている。

「その道で一流といわれる人は、必ず顔や背中にそれが滲み出ているものだ。このような人物に共通しているのは、如何なる困難に直面しても、それに屈せず簡単に物事を投げ出さないことである。諦めず自分のやりたいことをトコトン突き詰め『一芸に秀でる』レベルまで押し上げることのできる人物は顔に品格が出ている人が多い。人生の充実の反映であろうか」

余談ながら、かつて司馬遼太郎氏は、学者の顔よりもその道一筋に何十年と打ち込んできた職人さんの顔の方がよい顔をしていると語ったことがある。仕事への打ち込み方がそのまま顔に出るのであろう。このことは別に人間に限ったことではない。一流の人物に付き合うには規模の大小ではなく、一流の人材の多い一流の企業と付き合わねばならない。同時に、文学や芸術、あるいは音楽や美術といった仕事以外のことでも一流品に接しなければならない。さもなければ、一流人物との話が合わなくなるからである。言い換えれば、一流の人物とか一流品に接するということは、自己研鑽や自己啓発の内発的、あるいは外発的動機となるのである。ピンを知って初めてキリの下劣さや下品さが分るというものだ。

更に興味深い話として、骨董品店で働く若手社員の社員教育方法は、最初から徹底して一流品しか見せないそうである。最初は二流品、三流品から入り、徐々に一流品を見せていくというやり方は絶対しないそうである。一流品のみを観続けることで、鑑定眼が自然に養われるのであろう。

最後に一流人物の見分け方は、昔からよく言われているように実に簡単である。一流の人物といわれる人たちに見られる共通現象は、如何に社会的地位が高かろうが、あるいはそれぞれの世界で高い評価を受けていようが、そのような人は如何なる他人に対しても、絶対に「威張らない」ということである。逆にいえば他人に威張るような人物は、ロクな人物ではないということである。

昔、著者が長年の経営不振に悩むある企業の社長業に就いた時、上級幹部から客先接待のため同席を求められ参加した。しかし、その接待場所を見た時、愕然としたことがあった。それは余りにお粗末なレストランで、著者の感覚ではとても重要なお客様を接待するような場所ではなく、内心非常に赤面した。

後で、担当者に、何故あんな貧相なレストランを選んだのか聞いてみたところ、長年の不況で満足な接待費もなく、上等なレストランや高級料亭等に行ったことがなく、そんな高級な所も名前も知らないという。それを聞いて、ピンを知らぬということは、それらがこの世に存在しないのと同様なのである。担当者がかわいそうで怒る気もしなかったが、何事に於いても、ピンからキリまで知ることの重要性を改めて認識した経験がある。知らないものはこの世に存在しないのと同様なのだ。

多分多くの若い人たちは、ここに述べたことに基本的に異論はないにしても、いざ実践となると、社会的地位や肩書き、或いは、金銭的な問題で難しいと感じられる人もいると思われる。真にその通りであろう。しかし、今すぐに実践は難しくても、このことを常に留意しておくのと、留意しないとでは、長年の間に大きな差となるであろう。

余談ながら、最後に中国の戦国時代の古典の『史記』に記された明言の中に、「李克（魏世家）の人物鑑定法」というものがある。それは、以下のようなものだ。

戦国書記の名君といわれる魏の文侯の時代に、内政改革に大きな功績を挙げた李克という男がいた。文侯は、宰相の専任に迷い、李克の意見を聞いた。

「先生はかつて、『貧しい家に良妻が必要であるように、乱れた国には名宰相が必要だ』と教えて下さった。そこで、相談に乗って欲しいのです。いま宰相の候補者として二人おります。どちらが国のためによいのでしょうか」

そこで李克は人物を鑑定する五つの要点を挙げた。

①不遇のとき、どんな人物と親しくしていたか、②富裕なとき、どんな人物に与えたか、③高位に就いたとき、どんな人物を登用したか、④窮地に陥ったとき、不正を行わなかったか、⑤貧乏したとき、貪り取らなかったか——以上に尽きると。

これらはいつの時代にも通用する実に人間の本質を見抜いた鑑定法といえる。

八、若者よ、ニート、フリーターにはなるな

日本の現在の失業率は六％近くになり、雇用調整助成金対象者、所謂、企業内失業者を含めると九％近くに達している。働くことに何の障害もない五〇〇万人近い若者が、フリーターやニートとして期間労働者になっていたが、長引く不況で多くの若者が失職した。

特にニートと呼ばれる人達は、就職や就学もせず引きこもったり、フリーターは一個所にしばられる定職を嫌い、自分の好きな場所で、好きな期間だけ働き、それが終わると海外旅行をしたり趣味に生きるという人が多い。いうまでもなく世の中は、自分の都合で動いている訳ではない。従って大不況になれば一番最初に職を失うのは当然のことである。

また、若い人達は、自分に適した職がないからフリーターやニートになっているという人も多い。世の中に存在している職業というものは全て世の中にそのニーズがあって存在しているのであって、決して若者や失業者に職を与えるために存在している訳ではない。

二〇〇八年暮れから正月にかけて、派遣切りにあって職を失った人達のために、日比谷公園に年越し派遣村、所謂《いわゆる》テント村ができて大いに話題になり、マスコミもそれを連日大きく取り上げ、大企業の派遣切りを非難していた。当時、関係した役所は職業斡旋のためいろいろ努力

したが、就職する気のあった人は一〇〇人に一人ぐらいの割合いであったという。勿論《もちろん》、派遣切りの人で病弱であったり、年を取りすぎて働けなかったりと、気の毒な人もいたことは事実であっても、あの当時でも、身体も丈夫で働く気さえあれば、介護や福祉など働く場所はいろいろあったのにも拘《かかわ》らず、「仕事が自分に向いていない」だの、「給料が安い」だのと自分勝手な我がままで、テント村で寝泊りしていた若者が大勢いたのも事実である。

五体満足で元気な若者が、あんな施しの食事を受け取り、それをなんとも思わず、国が悪いの、社会が悪いのと、恥ずかしげもなくいいつのるのをみると全く情けない限りだ。まさしく自己責任の結果といえるのではないのか。何故、最近これほど自分に対しても社会に対しても、気概もプライドもない若者が増えたのであろうか。

明治時代の大実業家の渋沢栄一は、「私」より「公」の利益を優先し、国家のために多くの事業を興したが、同時に私費で養育院を建て、多くの貧者や浮浪少年の面倒をみたことでも有名である。渋沢は収容された人達を観察し、その印象として、彼らの一番悪い癖は「自分さえよければ他人はどうでもよい」という常に自分の都合だけを考えていることだと述べている。要するに自分がこの世に存在する社会的意義の自覚が全然ないと。

いうまでもなく、自分にとってベストの適職など、最初からそうごろごろ存在するものではないと心得るべきである。適職が見つからないからブラブラしているのは、世の中をなめ甘ったれているだけである。こんなことをしていても、何となく食っていくには困らないというのは、外国に比べ日本は格差が少なく豊かで恵まれた国だからなのだ。政治が悪いの、社会が悪いのと四の五のいわず、取り敢えず生きるためなら、どんな仕事でも一度は試しにやってみようという意欲と根性のない人間は何をやってもダメであろう。

考えてみれば、現在正規従業員として働いている人ですら、全て自分に適した職業に就いていると満足している人が何人いるであろうか。多くの人が多少なりともいろいろ不満を持ちつつも、今の仕事にすり寄り我慢して働いているのである。決して仕事の方が働いている人達にすり寄り適職化しているわけではない。人間というものは自分が何者であるかは、正確には、多分死ぬまで分からぬであろう。自分が何者であるかもよく分からぬのに、若いうちから自分に最も適した仕事もヘチマもない、結局、敢えて仕事用の別人格を作ってでも、自分を仕事に合わせ、すり寄って行くくらいの覚悟を持つ必要がある。

私の意見に反論する若者も多くいるかも知れぬが、これからの長い人生をムダに過ごさぬためにも、先ずは行動を起こせ、前に進めといいたい。更に最も重要な問題は、致し方なくニートやフリーターになっている人は別として、自発的にニートやフリーターになっている人に申したいことは、自分で自己鍛錬の場とチャンスを捨てていることに気づくべきである。雇用する企業側は一般的にはニートやフリーターを責任ある重要な社員とは見ていないということだ。従って、当然のことながら責任ある仕事を与えられず、飽くまで一時的な、補助的な労働者としか考えられていない。これは当然のことで、いつ勝手に辞めるかもしれないような人間に、責任ある重要な仕事を任せるわけがないのである。

人間というものは、責任ある仕事を任され、権限と責任感を持って仕事に立ち向かってこそ徐々にしっかりした一人前の職業人になっていくものだ。一番大切なことは、若い時に自己育成のチャンスを自ら棄てるということの人生における目に見えない大きなロスに早く気付くべきである。但し、この問題については親にも責任がある。事情の多い女性は別として、四十歳を過ぎた様な息子をいつ迄も家庭にパラサイト（寄生虫）のようにさせているのは、子供への小さな愛情と大きな愛情との区別がついておらず、真の愛情とはなんなのか全然分かっていないためと思われる。子供を長年肌で育ててきた母親はある程度致し方ないとしても、長年厳しい世間を見てきた父親のすることではない。

以上に述べたことは、リーダーたる者が部下にかかる若者を抱え込んだ場合の心得としても留意すべきことである。

最後に自ら望む、望まぬに拘らずニートやフリーターになっている人に申しておきたいことは、これ等の人達は主に経済的理由で結婚が難しくなり、家庭を持つことが出来なくなる場合が多い。私事にもいろいろあるが、結婚生活もその一つである。別に結婚が人生の全てでもないし、一生独身で通すことが一概に悪いとはいえない。人それぞれである。

しかし、人間は家庭を持って初めて一人前の人間になるケースが多い。それは、結婚し子供を持つことにより、人並みの楽しさと苦労を経験するからである。この人生の深みを味わうことにより、人間とは何者なのかや、人間関係の複雑さへの理解が深まることになる。そのため、企業は管理職を選ぶ時、独身者より妻帯者をより重視する傾向にある。それは人生への責任感の持ち方が違うとみているからである。

人情作家の池波正太郎氏の小説『劇場さむらい』の中で、次のような人並みに平凡に生きる人生に関する有名な名言がある。若い頃から苦労し名僧になった老和尚が、若いならず者に近い浪人に諭す言葉である。

「男というものは、それぞれの身分と暮らしに応じ、物を食べ、眠り、かぐわしくもやわらかな女体を抱き……、こうしたことが、とどこおりなく享受できうれば、それでよい。いかにあがいてみても人は……つまるところ男の一生は、それ以上のものではない。人にとって、まこと大切なるは天下の大事ではのうて、わが家の小事なのじゃ」

これは家庭を持つことの意義と、また平凡な家庭の小事も満足に処理できずして、大望を抱いたり天下国家を論ずる資格はないといっているともとれる。

九、人との縁を大切に

よく言われることであるが、人生の一大事は「人と書物」との出会いであるといわれる。如何なる人と出合うか、如何なる書物とめぐり合えるかで人の人生は大きく変わることがある。

出世したり大事を成し遂げた人に共通している特徴は、人との縁を実に大切にしているということである。よく一期一会というが、多くの人のいるこの世である特定の人物と知り合うということは、たまたまの出来事といわざるを得ない。そのことを思えば、一度でも出会った人を大切にしなければならない。勿論、中には付き合わない方が良いと思われる人もいるが、それはそれとして然るべき地位にいる人や、あるいは、普通の平社員でも長く付き合うに値すると思われる人は大切にしなければならない。自分の都合の良いときだけ相手を利用するというのでは長い人間関係を保つことは出来ない。この世は持ちつ持たれつとよくいわれるが、お互いに協力したり、助け合ったりしなければならないことは実に多い。

特に中小企業の経営者には、人との縁の大切さを実感している人が多い。それは新しい事業や企業を立ち上げた苦しい時、大変多くの人に助けられたり、協力してもらった経験が、人との縁の大切さを心から痛感しておられるせいだと思われる。そのためか、人間関係の何事に於いても極めて律儀な人が多い。この人の恩を忘れない、あるいは、礼を尽くすという精神こそ、その人柄に深みと魅力を生み出すものと思われる。また、そういう人は、人と人との縁で思わぬチャンスをつかむ人も多い。これも重要な人間力の一つである。

十、上司はすべて反面教師

反面教師のことを英語では〝A teacher of negative lessons〟という。ネガティブな教訓という意味であろうが、いい得て妙ともいえる表現である。反対に良き教師は、ポジティブレッスンということになるものと思われる。

いずれの職場に於いてもいろんなタイプの上司がいる。当たり前のことではあるが、いずれのタイプの上司も彼らの行動を見ていると、自分の人間力を高める参考事例となる。

特に反面教師のタイプについては、自分は決してそのようなタイプの人間になるまいと自覚しておくことが重要である。いかなる本を読むよりは、現実に周囲にいるいろんな上司をよく観察し、意識して人間学の参考にすることが肝要である。ただ単に、好き、嫌いといった程度の人間観察で終わらしてはならない。良い優れた上司に恵まれるに越したことはないが、一方たまたま反面教師となるような、つまらぬ上司に仕えることになっても、決してくさったり悲観することはない。貴重な人間観察の場を与えられたぐらいの気持ちで、余裕を持って接することである。幸いなことに会社や組織には必ず人事ローテーションがあるからである。同時に、自分の直属の上司だけ接するのではなく、同じ職場にいるあるいは、違う職場にいるいろんなタイプの上司とも付き合うことを心得るべきである。それが自分の人間形成にどれ程寄与するか分らぬし、将来、思わぬチャンスをもたらすきっかけにもなるからである。

十一、仕事するのは会社のためでなく、自分のため

著者が十年ほど前、某社の社長に就任した頃、この会社は多額の借金と繰越損で倒産寸前で、いつ倒産しても不思議ではない状態であった。その時社員に言ったことは、かかる状態を招いたのは大部分は経営サイドの責任とはいえ、従業員にも一端の責任はあった筈だと。経営者が悪い、円高である、世の中が不景気だからとか、全て他人のせいにするのは無責任であり自覚が足りないためである。如何に不景気でも、ちゃんと利益を出している企業はいくらでもある。著者の長年の経験からいえることは、経営不振の企業や事業部に共通しているのは、自己の反省はせず、その原因と責任を全て他人のせいにすることである。また、やるべきことをやらずして、やってはならぬことを山程やっているのも共通している。全て自業自得の結果なのだ。

やるべきこととは何か、たとえば新製品の開発であったり、各職場の生産性の向上に努めるべきことである。やってならぬことといえば、たとえば粉飾決算など最たるものである。今の

この厳しい世の中故《ゆえ》、業績不振の企業はいずれも、いつ倒産しても不思議ではない。そこで従業員が心すべきことは、いつ倒産しても自分の職場がなくならないように努力することである。競争力のある良い製品を作る能力さえあれば、新しい経営者が引き取ってその事業を継続してくれるのである。卑近な例でいえば、十数年前倒産した新潟鉄工所は、競争力のある製品の場合は、従業員も含め他社が即引き取ったが、競争力のない製品は誰も引き取り手がなかった。

要するに、経営者が変わろうと、自分の所属する職場と、担当する製品さえなくならなければ失業の恐れはなく、別に従業員の生活が脅かされるわけではないということである。従って、仕事にベストを尽くすのは、会社のためでもなければ、社長のためでもない。究極の処、全て自分のためなのである。

会社のためだとか、社長がうるさく言うからとかの理由で、いやいや職場でベストを尽くすのではなく、結局は全て自分のためだと思えば、不満も不平もなくなるというものである。その意味で、昔ながらの滅私奉公の精神は、いつリストラにあうかも知れない今の時代に通用しない面もある。また、そういう人間に限って、会社に頼りきり自分から進んで難局を切り開こうとしない傾向が強い。このことをよく認識し、各職場のリーダーは部下を説得し、働くのは自分のためと納得させることがリーダーの役目であり、職場改善のトップに立つことが、常にリーダーに求められている重要課題である。

第十章　ユーモアは最高の教養である

一、人間はなぜ悩むのか

多くの人は自分の人生や仕事、或いは、恋愛や病気で悩んでいる。人はなぜ悩むのか。近代西洋哲学、特にハイデッガー哲学の権威である哲学者の木田元氏の説によれば「未来に対する希望」こそが悩みを生み出す源だという。

人間以外の動物は、過去も未来もなく「現在」のみに生きている。一方、人間は、神経系の分化と発展の過程で「現在」にズレが生じ、「過去」と「未来」に次元が開かれたという。こうして未来が開け、今持っていないものを持ちたいという希望が生まれる一方で、今持っているものを失うのではないかと悩みや不安が生じるのである。未来が開けたために、日々、明日を思い悩むようになったらしい。「過去」の悩みは、過去のいやな記憶が悪夢となって、その再現を恐れることに起因している。たとえば、過去に女性にフラれた苦い経験がある人は、別の新しい女性が現れたとしても、今度また、前回同様になるのではないかと悩むわけである。

一方、「未来」の悩みは、自分の勝手な思い込みの予測をしてしまいがちになることに起因する。それも楽観的に良い方に予測するよりは、悲観的に悪い方に予測しがちになるために、それが悩みの原因となる。たとえば、人口減少、高齢化、円高等から予測される悪い将来をみつめがちになり、不安と悩みに苦しめられるのである。また、自分で勝手に思い込んでいる肉体的欠陥や、或いは女性の場合は、不美人であることを他人は裏で笑っているのではないかと、他人は何も気にもしていないにも拘らず、勝手に悩む所謂「自意識過剰」による他人の目を気にし悩むこともある。結局、先に述べた、（一）過去の悪い記憶、（二）未来への勝手な悪い予測、（三）自意識過剰、が悩みの三大要因といえる。

更に、「自分は一体何者なのか」について悩み、それにより更に、「自分に適した人生とは何なのか」、「自分に適した職業は一体何なのか」、「適切な伴侶はどういう人物なのか」と、次々に悩んでいく場合もある。何事も真面目に考えすぎともいえるし、これも一種の自意識過剰によるものともいえるかも知れない。

これ等の悩みの増大とともに、鬱病になる人も増えているのである。人間の悩みなど、先に述べたようなものだと自分なりに理解しておれば、悩みも軽いものになるのではなかろうか。しかし、悩むことがマイナスばかりとはいえない。この悩みが我々の成長要因にもなるタネが潜んでいると説く人もいる。考えようによれば、悩むのは自分の中に問題意識があるからでもある。このような「価値ある悩み」は、これを解決していくことにより人間的に進歩することにもなるであろう。自分を活かす、能力・才能を活かす、良き人間関係を築くといった方向に進み、解決や改善といった前向きのものに変わっていけば価値ある悩みといえる。一方では悩むこと自体を目的とした「悩むための悩み」という意味のない悩みといえるものもあるといわれている。

人間は誰しも、人生に何等かの充実感を求めるものだが、それにはプラスの充実感とマイナスの充実感があるといわれている。プラスの充実感を持てぬ人は、とにかく何でもよいからと、マイナスの充実感すらをも持とうとする。それを「悩むための悩み」即ち、悩むことを目的とした悩みというらしい。

嫉妬や邪心、強欲や虚栄、或いは、相手への優越感や打ち負かし感といった、一言でいえば、他人の足を引っ張り意地悪する行為といえる。それによって、また新たな悩みを抱え込むことになるのである。また、仏教でいう「苦」とは、思い通りにならないことをいうらしいが、「四苦八苦」の四苦は、「生、老、病、死」を指すが、これらは真に思い通りにならぬもので、悩んでも仕方のないことばかりである。向上への努力は悪いことではないが、自分の理想的なあるべき姿ばかりを余り深く追い求め、自らそれに縛られてしまうと、それが悩みの原因となるケースが多い。ありのままの自然の姿の自分で気楽に生きようと達観するのも大切な生き方であろう。自分がこの世に生まれ出たのは、自分の意思とは全く関係のない偶然の出来事であり、本来、大した存在価値がないにも拘らず、そんなものに一人の人間として、無理して何等かの生きる意義や価値を見出そうとすること自体、ナンセンスだと切り捨てるニヒルな哲学者もいる。一方、生の偶然に対し、死は必然と思えば人生の考え方もかなり変わるであろう。

これに関し、最近、混迷する時代背景のせいか、世界的にニーチェを再評価する動きが強まっているが、ニーチェは十九世紀後半のドイツの哲学者で、「ニヒリズム」を彼の哲学の基本概念としているが、そこから出てくる態度は、世の中どう転んでも、どうせロクなことはないという冷笑主義（シニシズム）であり、ただ楽しければいいじゃないか、という刹那的快楽主義（ヘドニズム）なのである。このニヒリズムを彼は文明の「病」だと述べているが、そのニーチェが愛の悩みについておもしろいことを述べている。

「愛を巡るさまざまな問題で悩んでいるのなら、たった一つの確実な荒治療法がある。それは自分からもっと多く、もっと広く、もっと暖かく、そして一層強く愛してあげることだ。即ち愛し返すことである。愛には愛が最もよく効くのだからだ」と。希人、狂人といわれたニーチェのこと故、どこまで信用できるかよく分からぬが、おもしろい説であることは事実である。しかし、普通の人間がこれを実行するのはかなり無理がある。こんな聖人君子のような行動を取れるのは、余程、器の大きい人間でなければ不可能と思われる。世の中にはこんな考えの人もいるということを知っておいてもムダではあるまい。

ついでながら、最後に楽しい職場というものは、そこに働く人たちに共通しているメンタリティーや行動パターンがあるが、それは「争わない」「威張らない」「悪口をいわない」「愚痴をいわない」「褒め合う」「ひがまない」「助け合う」といった一種のファミリー共同体的な雰囲気が、老若問わず充満していると指摘している人がいるが、真に働く人間が心得るべき至言といえる。

以上、何故このようなことを、いろいろ専門家の碩学の知恵を借りながら述べたかといえば、最近いろんな職場で、鬱病患者や精神を患う人が急増しているため、それへの対処の一助にでもなればとの思いからである。

二、達人はよく遊び、よく働く――よく遊ぶことの重要さ

人間の歴史をみても、いろんな有名な作家や哲学者が、いろんな人生訓や格言を残しているが、殆んどが暗く皮肉なものが多いが、いった人の中には明朗快活で、屈託のない人は先ずいないのは事実である。人生の深い洞察をエスプリの効いた一言で喝破するには、どうしても暗い言葉の方が、明るい言葉のものより深遠で重厚になることを知っているからだと、作家藤原正彦氏はいわれている。

暗くて皮肉な格言として次のような例がある。

（一）生きるべきか、死ぬべきか、それが問題だ（シェークスピア）

（二）人生は二つのものから成り立っている。したいけどできない、できるけどしたくない

（ゲーテ）
（三）人間は生きて苦しむための動物かも知れない（夏目漱石）
（四）人生は苦痛と退屈の間を、振り子のように揺れ動く（ショーペンハウエル）
（五）人生は地獄より地獄的である（芥川龍之介）
（六）花の命は短くて、苦しきことのみ多かりき（林芙美子）
（七）相互の誤解により結婚し、理解により離婚する（オスカー・ワイルド）
（八）人間は判断力の欠如により結婚し、忍耐力の欠如で離婚し、記憶力の欠如によって再婚する（アルマン・サラクル）
（九）君が良い妻を持てば幸福になるだろうし、悪い妻を持てば哲学者になれる（ソクラテス）（注：悪妻の代表といわれたソクラテスの妻のクサンティッペィを皮肉って）
（十）結婚はよく宝くじにたとえるが、それは誤りだ。宝くじなら当ることもあるからだ。（バーナードショウ）
（十一）なぜ美人はいつもつまらぬ男と結婚するのだろう。賢い男は美人と結婚しないからだ（サマーセット・モーム）

人生はかかる暗く、苦しい面もあるがそれが全てではない。前向に生きる人間にとっては楽しい面の方が多いのであり、同じ生きるのなら楽しく愉快な人生を送らねば損ということになるが、それも心掛け次第なのである。

明治維新の立役者勝海舟は「いかに役に立たぬといっても、必ず何か一得はあるものだ」といったと伝えられている。彼は名うての遊び人であった。昔から遊び上手な人間は、仕事も良くできるといわれてきた。仕事一筋で「遊び心」のない人で大成した人はあまりいない。特に最近は世の中が豊になり、成熟期に入ったためである。

今や昔のような単純作業は、ロボットやコンピューターがやってくれるようになった。現在は昔の腕力や馬力型からアイデアとか創意工夫といった、もっと高度なソフト型、頭脳型の仕事になってきている。実力主義となった現在、斬新な発想や柔軟な対応が求められるようになった。昔のような勤勉や真面目さだけでは捌《さば》ききれなくなってきたのである。

これに関し、作家・川北義則氏が「遊び心」にからめて、興味深いフロー理論を次の様に紹介されている（『男の品格』ＰＨＰ文庫）。

シカゴ大学の心理学者たちが「人間の能力発揮と心の関係」について研究した結果、「フロー倫理」なるものを発表した。フロー（Flow）とは、「流れ」のことである。

人間は誰でも一日に何回かボーっとしていたり、煙草を吸ったり、ぼんやりとテレビを観たり、ブラブラ散歩をしたりといった寛いだ状態の時といえる。このフローの状態が、人間にとって極めて「貴重なひととき」なのである。それは個人の意識と外部環境とのボーダーラインがはっきりしなくなり、時間の流れに身を任せた状態になるからである。

フロー理論の学者の言によれば「外科医は最難関手術を寸分の狂いもなくこなし、走り幅跳びの選手は驚異的な世界記録を打ち立てる。テニスプレーヤーはボールが二倍の大きさに思え、ロッククライマーは登っている岩壁と一体化し、次にどこに取り付けばよいか本能的分るようになる」。つまり、フロー状態の時は、人間は大変な能力を発揮することができるということである。そこで「どうしたらフロー状態にもっていけるか」を、今多くの研究者が追求中だが、その過程で見えてきたのが幼児の持つ「遊び心」であるという。遊び心は、人をリラックスさせ、それにより人の能力を最高度に引き出すのである。幼児の遊びの特徴は何かというと、欲得も打算も確固とした目的もなく、興味と快感原則に沿って没頭する点にある。とにかく夢中になっている。大人がフロー状態になるポイントも、このような遊び心をもつことにあると考えられるのだ。

つまり、フロー理論が教える最良の選択肢は「遊び心をもつこと」といっていい。「遊び心」は「ゆとり心」でもある。このことは「遊び上手な人間は仕事もできる」という私たちの経験値とも見事に合致している。まじめさは否定されるものではないが、いつまでもそこにとどまっていてはダメ。仕事でよい成績を上げたいなら、もっと遊び心を持ったほうが良い。

歴史家のヨハン・ホイジンガが昔『ホモルーデンス』という著書で、「人間は遊ぶ動物である」といった。そこから人間はホモルーデンス（遊ぶ人）と呼ばれるようになった。遊ぶために生まれてきたと考えると、また人生が一段と楽しくなる。

平清盛の時代の後白河法皇撰といわれるかの有名な『梁塵秘抄《りょうじんひしょう》』の中で、「遊びをせんとや生まれけむ、戯れせんとや生まれけん。遊ぶ子供の声聞けば、我が身さえこそ動がれる」という文がある。昔から人間は遊ぶことが好きであり、遊ぶことこそ人生の重要な一面なのである。遊び心とは子供心ともいえる。リーダーを目指す人は、仕事一筋にならず、このことをよく頭に入れておくべきであり、できるだけいろんな遊びに興ずるべきである。そこから人間の本性が理解でき人間学が養われる。

余談ではあるが、銀座のママの話によれば、銀座で好かれる遊び上手な人は、皆遊ぶときも真面目で、皆出世していると。出世した人達に共通していえることは、（1）私達のような業種の人間にもバカにせず、同じ人間として真面目に誠実に対応してくれる、（2）何事に於いても律儀で約束は必ず守る、（3）思いやりと厳しさを兼ね備え、酒を飲んでも自分を律することができると、述べている。

ついでに、ある著名な学者の人生と遊びに関する含蓄のある言葉を紹介する。

「人生は何かを達成するための生産の時間ではなく、おもしろいことをするための消費の時間、結果として何かが残ればよい」

「遊びは目的を持った行為ではない。人生に不可欠でもない。だからこそ、そんなことにうつつを抜かすのが人間的ではないのか」

結局、心にゆとりのない人間は、他人から見て魅力がないのである。

また、遊び心にも通じる話ではあるが、何か趣味を持つことも重要だ。仕事以外何の趣味もないような人生を送るべきではないし、そんな人物は味わいがなく魅力がない。できることなら、老後の一人暮らしも視野に入れ、一人で楽しめる趣味を持つことが望ましい。一人でできる趣味となると、どうしても地味なものになるが、たとえば、読書、絵画、美術品鑑賞、映画鑑賞、音楽鑑賞、俳句作りといったものが考えられる。

現在のような高度な成熟社会になると、知識よりは閃きとか感性といったものがより重要になってくる。そのためには仕事以外のいろんな分野での趣味や活動が不可欠の要素となる。男の遊ぶ才能とは、ただ単に遊ぶだけではなく、遊びから何かを学び取る才能のことだともいえる。たとえば作家の中にも女性と散々遊び、それを糧に立派な作品を書いた人もいる。永井荷風などもその典型で、晩年は娼婦ばかり相手にし、ストリップ劇場通いで有名であったが、彼の作品は人間の哀しさや美しさが行間に溢れた優れたものが多いといわれる。特に男にとって遊びは人生の行間を学ぶことだという人もいる。

三、異性とつき合う時の心すべきこと

申すまでもなく、この世は男と女で成り立っている。そのため中にはトラブルを起こす不倫事件もあれば、楽しい人生もある。お互いに相手の性を理解せずして全体としての人間を理解

するなどできる訳がないのである。ましてや最近のように、あらゆる職場に於いて女性の進出が著しくなってきている以上、ますますその相互理解が重要性を増してきている。そのためには自然に、異性の友人や知人と関わりを持たざるを得ない時もある。上手につき合いトラブルを起こさぬ限り、特に問題視するほどのことでもないであろう。よりよく生きるためには、潤いのある人生を過ごすことも大切である。潤いのないガサついた人生など、いくら長生きしても意味がないのである。考え様によっては異性の友人や知人を持つことが、若さを保つ秘訣でもある。

お金中心のものの考え方や、それを心の拠り所とするようでは、潤いのある人生など望むべくもないといえる。この潤いのある人生を送る一つの手段は、幾つになっても異性の友人を持つこともその一つではなかろうか。男に例をとれば、男にとっての女友達とは、心安らかに付き合える存在と言える。

ある高名な作家が語ったといわれる次のような言葉がある。

「男女に限らず、友人関係が親密になってくると、何かの拍子に相手の秘密を握ることがある。仮にそうなったとしても、それ以前と変わらぬ付き合いができるのが、真に理想の友人関係だ」と。

男女を問わず、一度関係を持つと、急に人前もかまわず親しげに振舞う人がいるが、こういう友人は避けたほうがよい。「なにごともなかった」といった風情で付き合ってくれる人が理想的であろう。こういう友人を持っていると、何か異性問題が起きても、気軽に相談し有益なアドバイスをもらえることもある。間違っても奥さんに相談してはならない。それは全て女性の立場というよりは、女房の立場での意見しか出てこないからである。

いずれの歳であれ、異性の友人を持つことは、人生が華やぐことになると共に、いろいろなストレスの解放剤にもなるであろう。特に高齢になり一人になった時、そのありがたさがわかるであろう。いずれにせよ、異性と友人関係を持ち、人類の半数を占める相手の性を理解することは、人間学を学ぶ上で極めて重要な要素の一つといえる。

昔から「英雄色を好む」とよくいわれるが、最近、リーダー達の色恋沙汰がいろいろ話題になることが多すぎるように思われる。それが最近のリーダー達の器が小さくなってきた原因の一つという人もいる。世の批判を甘んじて受ける覚悟で言わせてもらえば、リーダーとしての本業の才覚と、色恋沙汰をゴッチャにするべきではないのではなかろうか。品行方正で色恋沙汰は何一つない潔癖な人物であるが、本業の才はさっぱりさえないという人物と、色恋沙汰はいろいろあっても、本業の才覚は素晴らしいという人物と、いずれが世のため国のためリーダーとして相応しいといえるであろうか。

明治時代の首相であった伊藤博文の色好みは有名で、明治天皇からも「伊藤の色好みは度が過ぎている」と小言をいわれたという話もあるほどだが、彼の政治上の偉業は素晴らしい。また、山本五十六元帥にも愛人がいたことも有名な話である。結局本人の色好みのせいもあろうが、魅力ある男は女性が放っておかないせいもあるのではなかろうか。作家の池波正太郎氏は小説の中で「所詮この世は、尽きるところ金と女さ」とよくいわれていたが、これも一面真理であろう。但し、同時に昔からよく言われるように「金」と「女」は、しくじりの元という言葉を常に忘れぬことである。

昔、某鉄鋼メーカーの株主総会に於いて、新任役員候補が議長（社長）より、株主に紹介され承認を求めた時、後方の席に座っていた女性が赤ん坊を抱き立ち上がり、候補者の一名を名指しして「あなたも今度出世され誠におめでとうございます。この子も大変喜んでいると思いますので、壇上から声をかけてやってください」と発言し、議長が本人の男に釈明を求めたところ、「そんな子供のことは全然知らない」と白を切ったが、出席者は誰も信用せず、本人は社内外で大ダメージを受けたという有名な話がある。女性も「脅迫行為」にならぬよう弁護士と事前に十分相談の上の巧妙なリベンジを行った訳である。

全くの余談ながら、女性通に言わせると、単なる女友達ではなく深い男女関係になり、その後別れることになった場合、男女間で揉めるのは男性がケチな場合が多い。男性の器の大小と本性は男女が別れる時に一番よく現れるとよくいわれるが、別れる場合は女性は自分が相手から得たものが多かったのか、失ったものが多かったのかを必ず比較し、得るものの方が少なかった、要するに「持ち出し」と感じた時は必ず揉めるものらしい。どこかの国の元総理がケチで、女性との別れ金が「指三本」（政界通によれば僅か三十万円?）であったため、マスコミに暴露され総理の座を追われた例もある。

更に、よく心得ておくべきことは、男は別れた後は、いつ迄も未練を持たぬことだ。男性は女性に比べ非常に未練たらしく、離婚したあと復縁を迫るのは女ではなく、全て男だと昔から相場は決まっている。確か、渡辺淳一氏の話であったと思うが、日本の男は「演歌」のせいで、女も男と同様に、別れた後も相手に未練を持つものと誤解していると。何でそんな誤解が生じるかといえば、それは演歌ではしばしば女の未練の歌、たとえば都はるみさんの「…あなたしのんでセーターを編んでいます…」とか、ロス・インディオスの「別れても好きな人」の類の歌詞が多いからではないかと推察しておられる。その歌詞からくる誤解の根本は、演歌を作る人が殆んど真の女性の心を知らぬ男性であるということに原因していると。男性と女性は、永遠に絶対に一〇〇%分かり合えない関係にあることも心にとめておく必要がある。

以上、いろいろ述べたが、決して積極的に異性の友人を持つべしといっている訳でもない。たまたま交際の機会があれば無理に避ける必要もないといいたいのである。但し、異性の友人を持つなら最悪の場合のリスクを覚悟すると共に、そうならぬよう最善の注意をはらうことを忘れてはならない。これらは主として、男性側に立った考え方であるが、裏返しに同様のことが女性側にもいえることである。

四、ユーモア精神こそ最高の教養

昔から日本人ほど、くそ真面目で面白みのないユーモア精神に欠けている人種はいないとよくいわれてきた。それに反し、欧米人はユーモア精神にあふれ、中でも英国人はユーモア精神の塊りだともいわれている。

この分野の碩学である元関西大学名誉教授の故谷沢永一氏によれば、ユーモアとは、元々ラテン語の「フモール」あるいは「ウモール」からきた言葉だといわれている。これは液体、湿気といった意味である。英語で最初に使ったのは十四世紀後半の医学者達で、中世医学は古代ギリシャ、ローマの伝統を受け継いだもので、体液の質によってその人の気質を特定したといわれている。ユーモアという言葉は語源的にはヒューマンという言葉とも関係している。

現在のような意味合いで使われるようになったのは、十七世紀の王政復古の後で、大変豊かになってからのことである。ユーモアが「何かおかしさを感じ、それを認識する能力」といった意味合いになってきたのである。これは、ウイット（機知）という言葉と少し違っており、「純粋に知的でなくて、同情的な要素を含む」というふうに理解されている。「人を傷つけない上品なおかしみ」ともいう人もいる。「知的なウイットや意識的な風刺に対してゆとりや寛大さを伴うもの」ともいえる。新生イギリス文学の重要な特質の一つとなり、文学や美学の一つのカテゴリーになった。

日本に於いて文学作品で最初にユーモアという言葉を使ったのは、明治二十六年に北村透谷の発表した小説『情熱』だといわれている。

ユーモアは先ず相手を肯定すると共に、何か悪い面があっても許すというニュアンスが含まれている。しかし、日本の文壇は、欧米に比べユーモアの精神が極めて少ないといわれ続けて来たが、日本には多少ユーモアに似たものといえば、ユーモアだけでなく、ウイット（機知）もあれば、サタイア（風刺）や人情の機微といった、いろんなものを含んだ江戸時代の川柳がある。川柳は最初は『前句付け』と呼ばれ、たとえば、「むごいことかな。むごいことかな」の前に来る句を募り、それに応じて「盗人《ぬすっと》を捕えてみれば、わが子なりけり」と前句が投じられる。これを現代流にいえば、さしずめ、「出会い系サイトで来たのは娘なりけり」といったところか。

また、「それにつけても金の欲しさよ」という下の句は、元々は室町時代の連歌師、山崎宗鑑の句とされているが、最近でもよく「………（上句）」の下に、この下の句をと付け加えれば、どんな歌でもサマになり、万能の下の句といわれ、常にこれをつけて狂歌とも落首ともいえるようなシャレ歌やダジャレ句が数多く作られている。

前句に何を付けるかによって、その付句の値打ちが変わる。前述の谷沢氏によれば、川柳には宗匠《そうしょう》という人がいて、その下にあちこちに組連という支部があり、それに誰かが投句するという慣わしになっていたらしい。それを宗匠が評価して、秀句には賞品を渡していたという。俳句は町人、庶民の意見表示との印象が強く、この投句の受付係りは、町人のようにおもえるが実際にはそうではなく、江戸詰めで退屈極まった山手の武士であったという。そのため幕の政治を皮肉ったものは意外に少なく、三句だけだという。その内の一つが「役人の子はにぎにぎをよく覚え」――。下っ端役人の袖の下、即ち、賄賂と子供の遊びのにぎにぎを皮肉ったものである。他の二つは「役人の骨っぽいのは猪牙《ちょき》に乗せ」。猪牙とは隅田川で吉原に人を運ぶ快速舟で、金をわたしてもいうことを聞かない頑固者を懐柔するために、吉原に連れて行って骨抜きにするという意味である。「役人になると子供もむづかしい」役人の子は威張って扱いが難しいとの意味である。

そしてその前句を選ぶ宗匠の中でも、柄井川柳《からいせんりゅう》という人の撰が抜きん出ていた。句にこめた意味をちゃんと読み取るのが宗匠の腕で、宗匠は歴史や文学を含むこの世の森羅万象に通じていなければならない。川柳や落首は故事来歴を知らずして理解は出来ない。平安時代の絶世の美人といわれ、結婚していなかった小野小町を皮肉った歌がある。「花の色は美しけれど実はならず」や、「浮草へむだに深草通いつめ」これは小町に惚れた深草の少将が、小町の処へ一〇〇日通ったことを冷やかした歌である。これは小町の「わびぬれば身をうき草の根は絶えてさそう水あらばいなむぞと思う」。さそう水あらばいなむぞと思うというのは、「本当に誘ってくれる人（求婚してくる人）があれば行こうと思う」と詠んでいるのである。これらの背景を知らずしては、深草の少将に関する歌など何も理解できない。勿論、川柳のみならず和歌にも「本歌取り」と称し、昔の古い歌をもじって歌をつくっている例もたくさんあるが、「本歌」を知らなければチンプンカンプンということになる。

第二章でも述べた如く、太田道灌が鷹狩りに出て急に雨に会い、貧しい農家の妻女に蓑《みの》を借りようとして、その妻女から山吹の一枝を差し出され、道灌はその意味が分からず、「花など貰いにきたのではない」と立腹し、それを受け取らず帰ったが、その夜古老から、古歌である「七重八重花は咲けども山吹の蓑（実）の一つだになきぞかなしき」に因んだものとの説明を受け、自分の不明を恥じ、その後歌道に一層精進したという有名な話があるが、これも本歌取りの一つであろう。その点、柄井川柳はどんな句でも、その意図や背景を的確に評価したため、彼の名を冠して川柳と呼ぶようになったといわれている。特定の文学のジャンルに特定の人間の名前を冠したのは世界中で川柳だけといわれている。

現在もサラリーマン川柳にもみられる如く、大変川柳が盛んである。勿論、欧米のユーモアは、主に当意即妙の間髪を入れぬ呼吸の対話が中心であるため、川柳とか狂歌などとは多少ニュアンスが異なるかも知れないが、広い意味ではユーモアの一種である。また、川柳には「うがち」、つまり事の本質や隠れた真相をとらえるという面があり、「ことわざ」的な面もある。江戸後期の禅僧・仙厓《せんがい》の作といわれる「気に入らぬ　風もあろうに　柳かな」は、我慢、忍耐を説いたことわざとも取れるのである。

勿論、日本にも獅子文六の『自由学校』や、夏目漱石の『我輩は猫である』あるいは、『坊ちゃん』のようなユーモア文学というものはあるにはあるが、欧米に較べ実に少ない。日本の文壇の中心である純文学には、ユーモア小説は皆無に近いといわれている。どうも日本の文壇はユーモアを余り評価しない傾向にあるといわざるを得ない。

かつて英国議会で、イングランド出身の議員がスコットランド人を侮辱する演説をした。これは実話である。「イングランドでは馬しか食わない燕麦《えんばく》（OATS）をスコットランドでは人間が食っている」。この発言に対し、即、スコットランド出身の議員が応じた。「仰る通りなり、だからスコットランドの人間が優秀で、イングランドの馬が優秀なのだ」と。

ユーモアを解せぬ大人気ない日本の議会なら差別発言だとただでは済まないかもしれないが、さすがユーモアと大人の国である だけに英国議会では大爆笑で終わったという。

また、第二次大戦初期の日本軍は非常に優勢で、シンガポールをたちまち攻略した。そこで中立国のスイスに集まっていた各国の新聞記者は、イギリス通信員を取り囲んで問い詰めた。「君は普段、イギリスの軍人は一人で日本軍十人を相手にできると威張っていたが、どうしてあんなに早くシンガポールを取られてしまったのか？」。イギリス通信員は、「不幸にして向こうが十一人来たものだからね」と、ユーモラスに反論した。

最近ではアメリカのレーガン元大統領が病気で入院した時、担当医に「この病院の関係者は皆共和党員だろうね」と聞いて話題となった例もある。日本ではユーモアに富んだ人としては、吉田茂氏が第一人者だといわれ、首相退陣後も人から「どうして吉田さんはいつまでもそんなにお元気なのか」と聞かれ「人を食っているからだ」と答えた。また、選挙運動の時、オーバーを着たまま演説したら、「こらっ、オーバーを脱げ」とヤジられたが、即、「これが本当の街頭（外套）演説だ」と言い返したという。晩年に体が弱り、娘から「もう立てなくなったじゃないの」といわれた時、「いや、やっと腰が据わったんだ」とニャっと笑って答えたという。吉田氏は若い頃は、親の財力に物を言わせ支那や満州の辺りで遊び回ったといわれている。ユーモアも遊びからくる心の余裕の産物といえる。また、福田赳夫氏は、円切り上げの前日に、記者団にその可能性を追及されたが、「円切り上げの考えなど頭の片隅にもない」と答えたのにも拘らず、その翌日、円切り上げを実施した。記者団から詰問された時「頭の片隅にはなかったが、真ん中にあった」と切り返した。

我々一般庶民の会話にもいろいろユーモアはある。銀座のバーで「ママは何人の男を騙してこんな財産をつくったのかね」「それを聞く前に何人の男に騙されたか聞いて頂戴」。「ママは、歳は幾つになったかね」「だいぶん歳を取って忘れてしまったので、母に電話で聞いてみるワ」と、即、切り返す。家庭でも「あなたは男のクセに衝動買いが多いですね」、「だからお前と結婚してしまったではないか」。

藤原正彦氏の話によれば、彼がケンブリッジ大学に文部省の在外研究員として留学していた時、同僚から「イギリスで一番大切なものはユーモア」だといわれたという。いろいろ考察してみると、ユーモアとはＰＵＮと呼ばれる駄ジャレの類から、辛辣《しんらつ》や皮肉や風刺、ブラックユーモアまで多種多様な形があり、ある種のユーモアなど英国紳士の生活や感覚を知っていないと、そのおかしさなど分からぬものらしい。しかし、ユーモアの複雑多岐な形を貫いて一つの共通することは、「一旦、自らを状況の外に置く」あるいは、「対象にのめり込まずに距離を置く」という余裕がユーモアの源であるとみる人もいる。

真のユーモアは、単なる滑稽感覚ではなく、人生の不条理や悲哀を鋭く嗅ぎ取りながら、それを「よどみに浮かぶ泡沫《うたかた》」と突き放し笑い飛ばすことで、陰気な悲観主義に沈むのを斥けようという訳である。

ドイツの哲学者アルフォンス・デーケン氏は、ユーモアとは「にも拘らず笑うこと」、辛いことがあり苦しいことがあっても、にも拘らず笑うことといっている。また、フランスの作家ジュール・ルナールも「ユーモリスト」とは、不機嫌を上機嫌にぶちまける人」といい、ユーモアを冷や汗や涙を養分にして咲く花とみているのであろう。

チャーチルに見る如く、英国人にとってユーモアは、危機的状況に立たされた時、最も大きな価値を発揮するといえる。藤原氏によれば、英国ではどんなに頭が良くても、家柄が良くても、人格が高潔でもユーモアがないと紳士の資格がないといわれているそうである。「あなたはグッドユーモアド」といわれるのが、最高の賛辞だそうだ。これは機嫌の良い人、陽気な人、気持ちの好い人という意味で、危機に直面しても慌てぬという良い意味で用いられる。

日本に於いてもユーモアのある人は、明るいとか、心に余裕のある人とか、元気な長寿の人とかいろいろいわれているが、ユーモア精神が全てプラスに作用していることは確かである。笑いを病気治療に取り入れている病院もあり、大変効果をあげているらしい。

ユーモアは、結局は他人に対する思いやりや、謙虚な姿勢から生まれる「人間性」そのものであり、人間性の良くない人からは、シニカルな笑いは生まれても本当のユーモアは生まれない。駄じゃれはあまり知性と品性がなく、単なる言葉のあそびで、真のユーモアとは言い難い。

以上、長々と述べたのは、リーダーにならんとする人は、普段から教養や知性を磨き、それによりユーモアというものをよく理解し、心に常に余裕を持ち、何事に対しても冷静且つ柔軟に対処できることが、何よりリーダーに求められている必須条件だということを、よく認識してもらいたいからである。

五、「請求書の人生」より「領収書の人生」を

イエローハット相談役の鍵山秀三郎氏によれば、人生の生き方には二通りあるという。実に含蓄のあるお話なので、その主旨をご紹介したい。

一つは「請求書の人生」であり、他の一つは「領収書の人生」とも呼ぶべき生き方であり、同じ人生を送るなら是非、領収書の人生を心掛けるべきではなかろうかといわれているが、著者も全く同感である。人間は誰にも向上心や欲望、或いは野望があり、それが自分を磨く努力の原動力となっている。即ち、「もっともっと」と際限なく求め、欲しがる生き方を「請求書の人生」だと見ておられる。

しかし、度の過ぎた欲求は、自分の品性を傷つけるばかりでなく、時には他人や社会をも傷つけることもある。求めるばかりでなく、今、自分に与えられているいろんな事柄や環境に感謝の念でもって自分の人生を見つめる、所謂、「領収書の人生」観を持つことが重要であると。分かり易くいえば、昔は仏教の自分がこの世に生かされていることも含め、何事に於いても「お陰様」という精神の影響もあったかと思われるが、昔の人のようにお寺やお宮にお参りした時に「ありがとうございます」と心につぶやく気持ち、即ち、請求書ではなく、領収書の心で以ってお参りをするのが望ましいということである。

大切なことは、他人に頼ったり求めたりすることではなく、人のお役に立つことだけを念頭に置いて人生を送ることである。一般的に、請求書の人生を送っている人はいつもギラギラし、我欲丸出しで徳性が感じられないが、領収書の生き方をしておられる方は、派手さはなく、地味で光の当らない人目につかぬところで、いつ報われるか分らないことにも、心を込めて取り組んでおられる朴訥な方々が多い。卑しさのない、清々しい人生の姿勢であり、実に徳のある魅力的な生き方と感じられる。前にも述べたが著者の関係する企業にも、無給で毎週休日に出勤し、職場の周囲に年中花を絶やさぬよう努めている人もいる。真に陰徳の士なのである。

古人は、人との交わりは、ともすれば「利交」に陥り易いと諭している。利交とは紀元前の中国春秋時代にいわれた言葉で、「賄交、勢交、量交、談交、窮交」の虚しい五交をさす。その意味するところは、賄交とは富んでいる人のおこぼれに預かろうとする。勢交とはある人の威勢に付く。量交とは損得を計算して取り入ろうとする。談交とはある人の弁舌を利用して名を博そうとする。窮交は互いの弱点で結びつく。要するに「利」をベースとした交わりといえる。この利交の世界に生きる人に共通しているのが、「請求書の生き方」といえる。国家間の外交に於いても、お互いが国益のみを主張すれば、外交ではなく利交になってしまう。

一方、領収書の生き方をしている人の交わり方は「素交」といい、純粋な生命の交流、即ち、純然たる交わりをいっている。そして友人としての三原則を無意識のうちに守っているといわれている。

その三原則とは、

①過ちあるを見れば、即ち、相諫《かん》す。

（友の過ちに対しては、それを見逃さず、真心をこめて忠告する）

②好事あるを見れば、深く随喜《ずいき》を生ず。

（友の良きことに接した時、心の底から喜ぶ）

③苦厄に在らば、相棄《す》てず。

（友が困難に陥り災難に遭った時、決して見捨てない）

以上の諸点を考慮し、リーダーたる者、あるいはリーダーを目指す人たちは、交流関係を含めていずれの生き方を選ぶべきかは、デリケートな部分もあり一概にはいえないが、若い時には、ある程度「請求書的人生」も必要であろうし、ある年齢や地位に達すれば、「領収書的人生」に重きを置くようになるのが望ましいのではないかと思われる。

以上の如く人生について様々な考え方があるが、明治、大正、昭和にかけて大活躍した大思想家、徳富蘇峰（作家徳富蘆花の兄）は五十五才で発心し三十四年の歳月をかけて『近世日本国民史』全百巻という世界一の大著を書きあげた恐るべき人物であるが、彼は人生について次の様に述べている。「人生は一種の苦役なり。ただ不愉快に服役すると欣然《きんぜん》として服役するとの相違あるのみ」。

第十一章　〝従業員は皆家族で宝物〟

――目指すべき日本企業の理想像

最近の世界的ないろいろと混乱を極める世相を反映し今多くの日本企業が、社会から見ても、従業員から見ても如何なるスタイルの企業が望ましいか暗中模索の状況にあるといえる。数年前のリーマンショックまでは欧米式の能力主義に基づく短期的成果主義経営がもてはやされ、我が国に於いても従来の日本式経営から徐々に欧米流の経営に切り替えた企業も多数あったが、結果は必ずしも成功しておらずリーマンショック以後多くの企業に於いてその反省期に入っているといえる。短期成果主義では長期的経営思考が蔑ろにされ、一方、各個人に於いては、目標数値を意図的に低めに設定するといった目先中心主義に走り、すぐに成果の出ない長期計画や、部下の育成や部下への技術伝承が無視され、各職場チームの一体感が薄れるといった多くの弊害が発生した。

村社会や家族主義といったチームワークをベースとして発展してきた多くの日本企業が、ドライな個人の能力主義中心とした欧米式経営に馴染めないのは当然のことである。申すまでもなく、企業は社会というものから独立して存在しているものではない。その社会の文化や宗教、伝統や、習慣といった多くのしがらみの中で存在しているのである。

日本社会には今でも多くの儒教の精神が残っている。たとえば、年長者を敬い、お年寄りを大切にするといった「孝」の精神の文化の中で、欧米流の能力主義に基づき「長幼の序」を無視し、いきなり息子のような若造が年長者の上司となった場合うまく行く訳がないのである。また、終身雇用や家族的な年功序列制度があってこそ部下の教育や訓練、或いは、技術伝承が可能になるのである。

昔、著者が海外ビジネスに従事していた頃、外国企業といろいろと交渉し、重要な技術情報を流すこともあったが、それを受け取った相手は自分一人の情報として隠し持ち、決して同僚や部下にそれを見せようとしないのである。なぜならば、全ての人間がいつ自分の競争相手や上司になるか分らぬからである。そこにはチームプレーで仕事をするという雰囲気は極めて薄いのである。それに気付き、それ以降必要書類は多数のコピーを準備し、関係者全員に配布するよう心掛けた。勿論、欧米流の経営手法にも優れた点もあるが、日本人から見れば、日本人にはそぐわない弊害も実に多い。多分、それは前述の如く長年の文化の違いによるものと思われる。この点、日本企業もよく検討し、アングロサクソン流を万能とせず、従来の日本式経営の良さを見直すべきであろう。

建前論は別として、多くの日本の経営者の本音は、欧米流と異なり会社は、第一義的には株主のものではなく、自分たち経営者も含めた従業員のものと考えている人が断然多い。にも拘らず、日本の多くの経営学者は相変わらず欧米式の企業経営理念を踏襲しているが故に、日本人には彼らの学説にリアリティーが感じられないのである。もし、欧米流の理念として企業は「株主のもの」との基本認識に立てば、従業員も含め何を犠牲にしてでも最大の利益を上げることが企業の第一義的目標にならざるを得ない。

一部の人かも知れないが、一日のうちに何度も同一企業の株の売買をやる所謂、儲かるようなら何でも良い、会社の内容は二の次といった、Day Traderが果たして真の株主といえるであろうか。著者も企業の第一義的理念は、従業員の雇用と生活を守ることだと考えている。そのために企業が利益を出し続ける努力をするのは当然のことであり、それにより株主にも恩恵が及ぶことになる。また、誰が経営者を評価するのか、市場か、格付け会社か、あるいはマスコミか、東京証券取引所の取引の半分が外人である現状に鑑み、この日本式を理解させるのは決して易しいことではないが、それをやるのも務めである。

欧米流の企業の責任は、利益を上げて株主に報いることこそ、第一義的企業理念と説く経営者の心の裏には、欧米の経営者の報酬が、企業利益に基づく高い株価のストックオプションを中心とした報酬制度となっており、そのため企業業績と個人的な利益とが直結しているためであり、そこにはドス黒い不正義ともいうべき動機が潜んでいると見る日本の経営学者もいる。

即ち、欧米企業の社会的責任として、利益を上げることを第一義的重要項目としているが、この尤もらしい美名と大義名分の裏には、報酬の少ない日本人経営者と異なり、欧米人経営者の企業利益と直結した莫大な個人的利益という動機が隠されている面もあることを忘れてはなるまい。因みに欧米のトップ経営者の報酬は新入社員の一五〇～二〇〇倍であり、日本の場合は九倍に過ぎない。かかる欧米流には、日本人の伝統的倫理観にはどうしてもそぐわない面がある。矢張り我々日本人は、株主のために利益を挙げることよりは従業員の雇用と生活を守ることを企業の第一理念として、従業員を家族の一員として心から大切にすることこそ、今後経営トップの心得るべき最重要課題であると著者は考えている。

かつてリーマンショックの時、日本で一番最初に派遣社員やパートのクビ切りを発表したのは、日本最大の経営者団体の会長の出身企業であり、二番目は副会長の出身企業であった。そのため社会から厳しい批判を受けた。莫大な利益の内部留保金を持ちながら、不景気だといえば即、従業員のクビ切りに走るような欧米流のやり方は、日本に於いては長い目で見て従業員の愛社精神や忠誠心を踏みにじるものといわざるを得ない。その結果、会社のやり方に憤激して中国や韓国へ多くの優れた技術者が流れ、貴重な日本の技術がタダ取りされたといわれているのである。

日本人従業員は苦しい時は皆お互い様ということで、給料が半分になっても辛抱し、我慢する、所謂、ワークシェアリングの気持ちは持っており、安易なクビ切りなど誰も望んでいない。それが日本人というものなのだ。つまり、最近の大企業の経営者には昔に較べ、公的、或いは社会的責任感が欠落していると指摘する経営学者もいる。

不況になれば、すぐ従業員のクビを切るといった行為は、欧米流に言えば、企業を守る経営者として当然のことであり、失業対策や社会保障は企業のやることではなく国家の責任だという人もいるであろう。しかし、日本の伝統精神から見て家族同然の従業員の生活のことを考えれば、もう少し思いやりと配慮があって然るべきではなかろうか。欧米の優れた企業、たとえばゼネラルエレクトリックとか、スリーM、或いはヒューレットパッカードなどでは、日本式経営とよく似た経営方式をとっている企業も多い。

リーマンショックの頃、著者も企業経営の責任者であったが、ちょうどその頃、約束の雇用期限の切れる派遣労働者もいくらか出たが、その際、派遣延長をしない場合の選定基準は、仕事の能力ではなく、本人の家庭内における収入依存度や生活の困窮度を最も考慮し行うと共に、その様な気の毒な人は絶対クビにしてはならないと各工場長に強く指示した記憶がある。パートや派遣で働いている人たちはさまざまで、ただ単に孫の小遣い銭稼ぎ的に働いている人もいれば、父親も居らず子供二〜三人を抱え、一家の中心となって働いている女性もいる。その場合、この母親の収入で一家を支えている訳である。従業員を共に働く家族の一員とみた場合、それぐらいの配慮をするのは当然のこととの思いからであった。自分がその逆の立場になったらすぐ理解できることであろう。

全ての人間が自由に、自分の利益が最大になるように死に物狂いに競争し、どんな規制も加えないで全てを市場原理に任せ、どんな格差が生じそれにより社会が不平等になろうとも、それは個人の能力の差から生じたものであるが故に、当然のことだという欧米流の考え方は、一理はあっても日本の伝統的精神にはそぐわない。

日本人が平等を好むのは、自分一人だけがいかに裕福になろうとも、周囲の者が皆貧しければ決して幸せを感じることが出来ないからである。それは古い昔からの「和」を大切にする心や、仏教の慈悲、或いは武士道精神による惻隠の情などの影響かと思われる。

労働組合組織の「連合」の最近の調査（十五歳から五十九歳の一〇〇〇人）によれば、今後の望ましい日本の社会の在り方についての世論の意見は、第一位が「お互いが協力し合い支え合う社会」で八六・三％。第二位が「従業員が大切とされる社会」で八五・九％、第三位が「個人の力が発揮できる社会」が八五・一％で、第四位が「犯罪の少ない社会」で八三・七％となっている。

これらの世論調査から見ても、ギスギスした欧米流の自分さえ良ければ良いといった個人主義的社会よりは、皆仲良く暮らしたいと多くの日本人が望んでいることを示している。この日本人特有のメンタリティーを十分念頭に置いて、今後の企業経営者は経営に当たることが極めて重要ではなかろうか。いずれの時代であれ、また、いかなる人物であれ「人間」を大切にするということが人間学の根本であることを忘れてはならない。

日本には五九〇万社近い中小企業があり、断然世界一の中小企業国家といわれている。因みに、創業二百年以上の企業数は、一位日本三千社、二位ドイツ八百社、三位オランダ二百社、四位アメリカ十四社、五位中国九社となっており、創業百年以上となれば日本では数万社と推定され、欧州は約六千社、米国は八百社に過ぎない。これら長い歴史を誇る日本の中小企業の共通した経営方針は、家族主義的経営であり、それにより幾多の苦難を乗り越えてきたのである。

おわりに

当初にも述べた通りリーダー論とか人間学論は、ウンザリするほど巷に溢れており、現在の日本社会のこの問題に対する関心の高さがうかがえる。しかし、中国学専門の学者も述べている如く、二千年前以上に出版された数多くの名著といわれる中国古典は、ほとんどすべてリーダー論であり人間学論であるといわれている。

それはこのテーマが、人間社会の永遠のテーマであることを示している。それは何度も申してきたように、各個人にとって自分の生涯は一代限りのものであり、そのため一代限りの財産に過ぎず、決してそれを子孫にそっくりそのまま伝授や遺伝させることができないことが原因と考えられる。積み重ねの文明とは異なり、人間の精神面にはいつまでたっても何も進歩せず、そのため二千年以上前の中国古典や千年前の源氏物語に、今でも我々は共感を覚え感動するのであろう。

今回、本著に取り組み始めて、今回のテーマほど間口が広く奥行きの深いものはなく、そのため、これといった焦点になかなか絞りにくいものだと改めて痛感した。

結局、これ等のテーマは、他人の知識や経験が触媒や誘発剤になることはあっても、決してそのまま自分の身につかず、本人自身の体験や経験、あるいは、類似体験から初めて感得するものであり、結局本人の閃きと感性に頼らざるを得ないものである。だからこそ数千年前から多くの人が同じことを繰り返し、繰り返しあれこれ述べてきたものと思われる。

日本の現在の多くの問題点も含め、その対応の処方箋の一部を示すことにより、リーダーの在り方や資質を問う一つの糸口にもなればとの思いから、一見直接的に関係のないもの、あるいは、直接具体的ノウハウになるとも思えないようなテーマも、批判を覚悟で幕の内弁当的に、あれもこれも数多く敢えて取り上げたつもりである。この点が類書と多少異なる点かもしれない。また、最近の若い人があまり本を読まなくなったことも考慮した結果でもある。

特に中国や韓国といった隣国との関係が、今後ますます重要になってくるとの見地から、今後のリーダーは国際化の進む中でこれ等の国の特徴や日本との差異を十分理解しておくことが肝要と思い、極めて辛らつであるかも知れないが、具体的理解を得るため、これらに関する紙数を大幅に増やしたが、それは徒に批判や罵倒するためでは決してなく、幅広い教養と常識の一つとして頭に入れていただきたいためである。仕事とゴルフ以外のことに興味がないようでは、今後のリーダーは務まらない。

中国や韓国に関する筆者の厳しい自論は、十年以上も前からのものであり、これ等の国との長い期間に亘るビジネスや人間関係の中から得た実感であり、最近の日中間の尖閣諸島問題からの発想では決してないが、今回の事件にみられる中国の理不尽さと夜郎自大性には、いつものこととはいえ、正直なところ、それみたことかの思いはなくはない。ただし、一般教養として隣国事情をここまでいう必要があるのかとの印象を持たれる読者もおられると思うが、今後、ますます厳しくなると予想される両国との関係を考えれば、これほどの厳しい認識を持っておく必要があると筆者は考えている。

以上の点を考慮して今回は、著者が過去に出版したいろんな本や、新聞社や出版社の依頼を受け寄稿し掲載された記事をも一部取り入れ再編集した部分もかなり多い。また、抽象論や一般論をできるだけ避け、頭ではなく、体で人生の生き方や世の中の過ごし方、組織、会社での身の処し方を考えて戴き、更に人間学の最後の拠り所となる幅広い教養を深めて戴くために、いろんな具体的事例を提示することを心がけて題材を選んだ心算である。

それぞれの具体例から幅広い奥深い人間学を、間接的であっても、少しでも感得してもらえれば幸いである。

最後に、今回の東日本大震災に関連し日本人にとっては当たり前のことにもかかわらず、日本人の民度の高さが世界中から称賛されたが、本著の中で我々日本人や日本国家の美点や長所を多くの他人の口も借りながらも様々な角度から述べたことが裏付けされたといえる。日本人や日本の伝統文化の特徴や長所について本著の中で述べた著者の意見は長年に亘る多くの国との国際ビジネスから得た実感に基くものであり、決して御国自慢のためのものではない。近隣諸国民をみても分る通り、民族全体の民度のレベルを短期間に上げることは生やさしいことではない。中国人は今回の震災にみせた日本人の冷静で秩序ある行動を見て、中国人が日本人並みの民度に達するには50年でも無理であろうと中国メディアは報じている。日本人の民度の高さは徳川時代からの長年に培われた教育の賜物ともいえるし、美しい国土のお陰ともいえる。我々日本人はこの点をよく自覚し何事があってもこの価値あるものを絶対に守り抜く決意が必要であろう。

同時に問題なのは、世界から称賛された日本人の民度の高さが、何故、政治面に反映されないのかという点である。しかし考えようによっては、この日本人の民度の高さが政治面に裏目に作用して、国内外から厳しく批判されている現在の日本の情けない政治状況を生み出しているのではないかということである。

民度が高いということは、よく言えば国民の人柄や品性の良さであり、悪く言えば世界知らずの御人好し民族ともいえる。この国民性が、日本の政治力や国家としての外交力を弱めているのではないかと思えるのである。

他人と争わず、全て平穏無事に物事を収めるという精神や、仲良し社会をベースとした村社会の気質がそのまま国家観に反映され、国家にとって一番大切な国防力や外交力といった国家の一種の「喧嘩力」に対する認識の甘さを招いているのではなかろうか。

国防の備えとか、必要なら他国と断固戦うという意思や敵愾心が欠落している。言い換えれば、国内社会と国際社会とを峻別するという意識が希薄しているのではないかということである。国益中心の性悪説にこり固まった腹黒国家が満ちている国際社会にあって、世界からの称賛に浮かれることなく、この際、以上に述べた点も改めてよく考える必要がある。

本件は必ずしも本著の本来の目的とはいえないが、今回の大震災の機会を借りて敢えて申し述べた次第である。

佐伯　弘文（さえき　ひろふみ）

1939年兵庫県生まれ。62年東京外国語大学英米科卒業。同年、日本ガイシ株式会社入社。64年株式会社神戸製鋼所入社。93年同社取締役。96年常務取締役。99年専務取締役。同年より機械カンパニー執行社長を兼任。2000年神鋼電機株式会社社長に就任。神戸製鋼所時代にも複数の事業部を立て直した手腕をもって短期間に神鋼電機（現・シンフォニアテクノロジー）を再生。07年6月より会長に就任。09年6月より相談役に就任。

著書
「会社はムダの塊だっ！」（幻冬舎）
「親会社の天下り人事が子会社をダメにする」（日本経済新聞出版社）
「だから二世、三世の経営者はだめなのだ」（ワック）
「移民不要論」（産経新聞出版）

成功するリーダーvs.失敗するリーダーの「人間学」

2011年6月30日　初版第1刷発行
2011年7月30日　第2刷発行

著　者　佐伯弘文
発行者　伊藤寿男
発行所　株式会社テーミス
東京都千代田区一番町13-15　KGビル　〒102-0082
電話　03-3222-6001　FAX　03-3222-6715

印　刷
製　本　株式会社平河工業社

ISBN978-4-901331-22-7